José Gómez-Zorrilla ·

GUÍA PRÁCTICA DE
ANALÍTICA
DIGITAL

• ROI, KPI Y MÉTRICAS •

MADRID | CIUDAD DE MÉXICO | BUENOS AIRES | BOGOTÁ
LONDRES | SHANGHÁI

Colección Acción Empresarial de LID Editorial
www.LIDeditorial.com

A member of:

businesspublishersroundtable.com

© José Manuel Gómez-Zorrilla, Daniel Sánchez Piña 2022
© Editorial Almuzara S.L. 2022 para LID Editorial, de esta edición.

EAN-ISBN13: 978-84-18952-75-3
Directora editorial: Laura Madrigal
Corrección: Cristina Matallana
Maquetación: produccioneditorial.com
Diseño de portada: Juan Ramón Batista
Impresión: Cofás, S.A.
Depósito legal: CO-1093-2022

Impreso en España / *Printed in Spain*

Primera edición: julio de 2022

Te escuchamos. Escríbenos con tus sugerencias, dudas, errores que veas o lo que tú quieras. Te contestaremos, seguro: info@lidbusinessmedia.com

A todos nuestros clientes, alumnos y amigos
porque día a día depositan su negocio digital
y su futuro en las manos del equipo de Windup,
con el único objetivo de mejorar su rendimiento.

ÍNDICE

PRÓLOGO
Si no puedes medirlo, no puedes mejorarlo

Conozco a Dani y a José desde hace más de diez años, cuando me inicié en el mundo digital con la puesta en marcha de mi primer proyecto emprendedor que, aunque finalmente fue fallido, me ayudó a entender y profundizar en las variables y palancas básicas para construir y hacer crecer un negocio y un producto 100 % digital. Recuerdo mi primera conversación con ambos cuando estábamos preparando nuestro *one-pager* para inversores: «muchas métricas», «hay que ganar foco», «busca qué puedes medir, qué es accionable y qué ayuda a mejorar y evolucionar el negocio». Mucho ha llovido desde entonces y por el camino, además de forjar una buena amistad, hemos ayudado a muchas compañías y a muchos empresarios a conocer, diseñar y explotar su propia estrategia digital desde la experiencia conjunta en marketing, costes y producto.

Independientemente de si el lector se encuentra en los inicios profesionales o si le avala cierta experiencia en la gestión de modelos de negocio digitales, encontrará en esta guía práctica de analítica digital una lectura amena que sin duda le ayudará a responder a preguntas tan frecuentes como

- ¿Es mi estrategia digital viable?
- ¿Qué está funcionando bien? ¿qué necesita mejorarse?
- ¿Qué es prioritario?
- ¿A o pulso el freno?
- ¿Qué impacto tiene en caja y P & G si pulso el acelerador?

Sin duda, hoy vivimos un proceso de transformación digital acelerado; y si bien muchas organizaciones han apostado en estos dos últimos años por abrazar los beneficios de la tecnología y de las estrategias digitales, estamos aún en una fase muy inicial donde resulta clave entender cómo medir y gestionar nuestros negocios con éxito.

Los conocimientos y habilidades necesarios para gestionar modelos digitales, sobre todo los basados en modelos de suscripción, son algo más complejos que los tradicionales. Las métricas más tradicionales de cualquier cuadro de mando habitual pueden no servir para capturar los factores más relevantes en un modelo digital y marcar así la diferencia en la gestión de los resultados futuros.

Por ello por lo que después de haber leído *Guía práctica de analítica digital,* creo que José y Dani están en lo cierto al asegurar que «el proceso de compra digital de los clientes en el mundo digital se extiende a lo largo de todo su período de vida», ya que precisamente es la capacidad que tenemos de medir y gestionar proactivamente *cómo* adquirimos, *cómo* ayudamos a repetir una compra, *cómo* maximizamos el uso de un determinado servicio o *cómo* conseguimos monetizar al cliente a lo largo de su período de vida lo que realmente distingue la gestión de un negocio digital de otro tradicional.

Desde mi experiencia, uno de los aspectos clave en la gestión de cualquier producto digital y que lleva a sorpresa a muchos profesionales de este tipo de modelos digitales, especialmente los basados en suscripción, radica en que arriesgar y acelerar una determinada estrategia puede venir acompañado, muy frecuentemente, de una reducción de la rentabilidad y del flujo de caja. Entonces, ¿cómo saber si nuestras estrategias funcionarán? La respuesta es sencilla pero compleja: bajando a la gestión del dato por cliente, por canal, por producto... en definitiva, las *unit economics,* como se conoce en el argot del mundo de los modelos digitales o suscripción.

Para mí, uno de los puntos clave para entender la importancia de los KPI y de los cuadros de mando de un modelo digital es el paradigma del flujo de caja en modelos de suscripción. Muchos modelos de negocio digitales se enfrentan a pérdidas nada relevantes en los primeros años que afectan directamente a la gestión de la caja, principalmente porque se necesita una inversión inicial para adquirir clientes, pero la recuperación no se produce *upfront* sino mes a mes. Imaginemos que nos cuesta adquirir un único cliente 6000 €, facturamos 500 € al mes y nuestro producto tiene un margen del 80 %. Bajo estas premisas tendremos un flujo de caja negativo durante los primeros 13 meses. Si esto es lo que experimentamos cuando hablamos de un único cliente, ¿qué ocurrirá si empezamos a hacerlo realmente bien en nuestra estrategia digital y aceleramos la adquisición de clientes con dos, cinco o diez clientes más al mes? Pues claramente empeorarán los requisitos de financiación y se desplazará el punto de equilibrio varios meses más adelante, en torno al mes cuarenta.

La crudeza del flujo de caja es una nota negativa a las bondades de la generación de caja proveniente de una base instalada de usuarios cada vez mayor. A medida que se adquiere un volumen de usuarios de mayor peso, las tensiones de caja se reducen y la generación de flujo positivo se acelera y contribuye exponencialmente. Resulta de vital importancia, como se ha intentado explicar con este ejemplo, entender y construir cuadros de mando que reflejen variables destacadas para la gestión y supervivencia de modelos digitales

Por todo ello, animo a la lectura de este libro. Más allá de tener una lectura agradable, se trata de disponer de un manual de referencia inicial y volver a su lectura cuando necesitemos entender si nuestra estrategia digital y las palancas empleadas están siendo medidas y ejecutadas con éxito.

Miguel Ángel Cervera
Digital Sales & Marketing Leader
en Microsoft EMEA

INTRODUCCIÓN

Estamos en un contexto digitalizado en el que los datos se han transformado en el nuevo petróleo del mercado; un nuevo activo intangible por el que apuestan e invierten todas las empresas. Su poder es tal, que están cambiando los modelos de negocio, que ahora pivotan y definen sus estrategias con el foco puesto en tres ejes estratégicos: datos, analítica y toma de decisiones de negocio *(data, analytics, and business)*. En esta coyuntura, la analítica digital vive un momento de plena madurez, ya que no hay empresa que no quiera aumentar las conversiones y/o generar más ingresos que no tenga como base de su estrategia *online* una buena medición y un buen análisis de los datos de todo su ecosistema. Esto se traduce en millones de datos soportados por múltiples herramientas de medición y parametrización que deben ser visualizados por plataformas de *visual analytics* y que evolucionan y revolucionan la toma de decisiones desde los modelos descriptivos de antaño hasta los complejos modelos predictivos actuales. Los datos suponen una ventaja competitiva en cualquier sector con alta competencia.

Por eso a lo largo de las páginas de esta guía práctica vamos a responder a esta sencilla pregunta: ¿cómo se debe medir una estrategia digital de éxito? Está más de moda que nunca y es fundamental trabajarla en cualquier marca o proyecto que opere digitalmente. Como has intuido, la respuesta no resulta tan sencilla y requiere dirección y asesoramiento profesional. Si quieres resolver esta cuestión, debes entender que hay conceptos, metodologías y un conocimiento práctico de base que viene también del marketing tradicional y de la gestión de negocio y que complementa la analítica del marketing digital. Todo esto lo iremos desgranando en cada uno de los siguientes capítulos.

El problema al que te enfrentas como profesional del marketing es que siempre quieres ir demasiado deprisa; te falta tiempo para todo, y esto hace que te quedes en una capa superficial del dato y te olvides de cómo trabajar aspectos tan fundamentales en una estrategia de analítica como la estructura de costes, los márgenes brutos y el beneficio de un producto o servicio aplicado a todos los canales de tráfico digital. La velocidad del mercado también nos empuja a actuar más rápido y a lanzar ofertas continuadas en el tiempo o a ir al precio más barato del sector en vez de diseñar escenarios variables de precios oferta/demanda (técnicas de *pricing*) jugando con costes directos e indirectos y rotación variable, por ejemplo, o previsiones de ingresos jugando con diferentes márgenes medios basándose en el volumen de ventas, la inversión, el coste de adquisición y el retorno de la inversión (*Return Of Investment* [ROI]).

La digitalización nos lleva por el camino más fácil y rápido una y otra vez. Creemos que viendo un vídeo de dos minutos seremos expertos en estrategia de datos o que solamente parametrizando métricas con Google Analytics y Tag Manager y consultando los informes estandarizados que nos dan las herramientas a un clic ya tenemos el negocio controlado. Pero faltaría establecer y diseñar una estrategia de analítica alineada con los objetivos de negocio y los indicadores clave de desempeño (*Key Performance Indicator* [KPI]) orientados a la rentabilidad real y al incremento del beneficio neto por canal. Es más rápido y menos complejo armar un cuadro de mandos en Data Studio de Google con una plantilla estándar conectada a Google Analytics que pensar un cuadro de mandos estratégico que de un solo vistazo nos ayude a controlar realmente el éxito de nuestro negocio digital.

Actualmente un profesional del marketing digital como tú ha de entender el impacto real de su trabajo en la cuenta de resultados de la compañía y en el balance de pérdidas y ganancias. Ese impacto debe ser medido y entendido y facilitar la toma de decisiones digitales.

En este libro responderemos abiertamente, de manera sencilla y práctica y sin tapujos a la pregunta: ¿cómo hay que medir una estrategia digital de éxito? Proporcionaremos una guía con los pasos necesarios que se deben dar, con ejemplos reales de implementación y casos prácticos para que tu toma de decisiones en captación o fidelización sea lo más precisa posible y tu estrategia digital cumpla su misión: ayudar a entender y escalar la empresa en el corto, medio y largo plazo. El objetivo de los autores de esta obra es que, desde la primera hasta la última página, puedas aplicar en tu día a día mejoras que te ayuden a medir con éxito la estrategia digital de tu negocio, independientemente de que seas un *ecommerce,* una empresa de servicios o un blog, trabajando conceptos como ROI sobre ventas, retorno de la inversión publicitaria (*Return On Advertising Spend* [ROAS]), beneficio, tasa de conversión, coste de adquisición, coste por *lead,* beneficio neto, margen de beneficio, etc., de manera fluida y aportando realmente valor.

CAPÍTULO 1

— • • —

DATA, ANALÍTICA
Y NEGOCIO

1. Los tres ejes de la analítica digital

El primer reto al que nos enfrentamos en este libro es ayudarte a resolver las tres cuestiones fundamentales que se plantean a la hora de medir correctamente una estrategia digital:

1. ¿Cuáles son los datos correctos que tengo que recoger?
2. ¿Cómo recojo, organizo y almaceno estos datos?
3. ¿Cómo trabajo y relaciono los datos con el negocio?

Estas tres preguntas parten de los tres ejes fundamentales para sacar el máximo partido a los datos dentro de tu estrategia:

1. *Data.* El volumen y la variedad de los datos es de tal magnitud, que elegir las métricas y los KPI correctos se ha convertido en

todo un reto para los profesionales del marketing digital. El exceso de datos provoca parálisis y desvía todo el proceso de toma de decisiones.

2. **Analítica.** Una vez predefinidos los datos, el siguiente paso consiste en saber definir un modelo analítico práctico, personalizado y que recoja todas las necesidades de la estrategia digital de cada marca, desde la definición de los objetivos hasta la elección de las herramientas y los indicadores de seguimiento.

3. **Negocio.** Hay que entender los datos y su impacto real en el modelo de negocio global para optimizar la toma de decisiones, orientada a mejorar la rentabilidad digital de la marca. Resulta tal vez la parte más compleja del terceto, pues, aparte de metodología, requiere ensayos prueba-error y la experiencia que se gana con el paso de los años.

2. Data

El primer gran desafío es la cantidad y variedad de datos que se generan en el ecosistema digital. Si los aterrizamos en el área de impacto del marketing digital, abarcan desde el comportamiento del usuario que navega en una web, donde se recoge cada interacción en diferentes dispositivos y plataformas, hasta los datos derivados de una sencilla campaña en Instagram Ads, que van desde el alcance hasta las impresiones, el coste por clic, el volumen de tráfico generado o los datos del tipo de usuario impactado. Tampoco se han de olvidar los datos económicos, como los ingresos totales mensuales web, el valor medio del pedido, el mix de ingresos por canal o los costes de explotación.

En este sentido el primer paso consiste en organizar el tipo de dato que queremos recoger dividiéndolos en:

- **Internos.** Son los datos que extraemos de nuestros propios sistemas o plataformas: la web, Google Analytics, la plataforma de gestión de clientes que estemos usando.
- **Externos.** Se trata de los datos de terceras empresas que pueden afectar al negocio digital y que necesitamos extraer y cruzar

para complementar la información: datos de los competidores digitales, del sector o del mercado, etc. Un análisis de las ventas de periódicos por punto de venta (kioscos), geolocalizadas por código postal y por volumen de venta unitario diario, de un conocido grupo editorial incorporó a la toma de decisiones los datos externos de la Agencia Estatal de Meteorología (AEMET) conectados, ya que el tiempo influía directamente en el volumen de ventas por punto y por dispersión geográfica.

El primer paso que debemos dar es preparar un listado con las fuentes de datos internas que tenemos y con el tipo de datos que nos pueden proporcionar. Nos centraremos en:

- **Plataforma web, *ecommerce* o servicios.** A través del sistema de gestión de contenidos (*Content Management System* [CMS]) instalado en nuestra web (WordPress, por ejemplo, es de los más extendidos mundialmente en servicios y blog) y de herramientas de analítica digital (Google Analytics, Google Tag Manager, Yandex y/u Hotjar) como paquete mínimo viable, podemos tener cientos de datos de impacto de todos los canales de tráfico (SEO, redes sociales, directo, publicidad digital, *email* marketing, etc.) en el negocio digital.

  En el caso de tiendas *online,* además tendremos datos de la plataforma propia de *ecommerce* que estemos utilizando (WooCommerce, Prestashop, Shopify, Magento, etc.) junto a Google Analytics para *ecommerce* para vincular las métricas web con las ventas digitales. En las tiendas *online* nos proporcionarán datos como: tipo de productos vendidos, importe o valor medios del pedido, carrito de compra, devoluciones, información del tipo de pedido y datos de facturación de clientes (es decir, todos los datos relacionados con la venta digital asociados por canal de adquisición). Esto se traduce en que podremos analizar el total de ventas y el *ticket* medio generado solamente por la estrategia SEO, trabajar la tasa de conversión del perfil de Instagram de la marca o analizar por tipo de canal el perfil de *buyer* persona que mejor convierte.

En los siguientes capítulos profundizaremos en las métricas y los KPI básicos que hay que trabajar para tener el control real del negocio.

- **Gestión de la relación con el cliente (*Customer Relationship Management* [CRM]).** Es un *software* con el que tendremos recogidos todos los datos de nuestros *buyers* persona, desde la fase de entrada de un contacto *(awareness)* o *lead* digital hasta la fase de activación *(action)*, donde se convierte en cliente, y su posterior ciclo de vida o fase de fidelización *(advocacy)*. El CRM es muy útil para trabajar conceptos estratégicos clave, como el valor de vida medio de un cliente con una marca (*LifeTime Value* [LTV]).

  Gracias a la plataforma CRM, cruzaremos los siguientes datos con los canales y campañas digitales:
  - Datos de la persona: nombre, apellidos, puesto, empresa, dirección, gustos, preferencias, etc.
  - Datos comerciales: visitas, llamadas, reuniones y cumpleaños.
  - Datos de ventas relacionales: productos más rentables y estacionalidad de compra.
- **Otros programas.** Dependiendo del tamaño de la organización, podemos encontrarnos con un programa de facturación más o menos completo o con un sistema de planificación de recursos empresariales (*Enterprise Resource Planning* [ERP]). Se trata de un sistema de recogida del dato único que suele incluir todas las áreas estratégicas de la compañía: finanzas, administración, recursos humanos, marketing, comunicación, comercial, dirección, etc.

En este tipo de plataformas podemos ratificar aspectos como el nivel de morosidad de un cliente, el modo y la fecha de pago, las devoluciones, las desviaciones del presupuesto *(forecast)*, consolidar cifras de ingresos o gastos o saber el ebitda, es decir, el beneficio bruto de explotación calculado antes de intereses, impuestos, depreciación y amortización.

El segundo paso es hacer un listado de las fuentes de datos externas, que pueden ser múltiples en marketing digital, desde plataformas de SEO como Semrush o Ahrefs hasta datos de organismos públicos relativos a oferta o demanda de sectores, datos privados, como los paneles de consumo, o informes sectoriales; en definitiva, cualquier dato que queramos monitorizar e incluir en nuestro modelo de datos. Con esta definición y clasificación de los datos, estaremos creando un sistema de información de marketing (SIM) cuyo objetivo principal será conocer y detectar el dato para transformar ese número o cifra en indicador y dato válido de análisis.

El objetivo de esta fase radica en transformar el dato en información.

3. Analítica

Una vez que sabemos el tipo de dato que se debe recoger por tipo de fuente y con esta información verificada, es decir, que tanto la fuente interna como la externa, así como los tipos de datos, son veraces y relevantes para el negocio, debemos pasar al análisis de los datos en un contexto empresarial -el de la propia marca y su modelo de madurez digital- dentro de un sector y un mercado determinado.

La analítica tiene que responder a las cuatro preguntas fundamentales, que son además los cuatro tipos de modelos de análisis que se deben aplicar en el orden marcado, del 1 al 4, para ir escalando nuestra estrategia digital en la toma de decisiones sin saltarnos ningún paso:

1. **Modelo descriptivo: ¿qué ocurre en el negocio?**
    Trabajamos con los datos históricos, por ejemplo, los del último mes, un trimestre o todo un año, como el total de visitantes del sitio web, de conversiones, de ingresos o de clientes. Se trata de datos actuales y claros que pueden visualizarse de manera efectiva, muchas veces con gráficos de barras y quesitos en una hoja de Excel. En este tipo de modelo las respuestas son más sencillas de responder. El 90 % de las empresas operan en la toma de decisiones en este modelo.

2. **Modelo de diagnóstico: ¿por qué ocurre?**
    Basándonos en los datos descriptivos, se busca la causa raíz del problema para identificarlo y poder aplicar medidas correctoras. Para ello se trabaja la ausencia de ruido en el dato, es decir, se

eliminan todos los datos superfluos y que no aportan valor en el análisis para centrar el diagnóstico en los objetivos marcados. Se trabaja con la información no relacionada cruzando variables, como las ventas por tipo de cliente de las campañas de Google Ads geolocalizadas por código postal para detectar los anuncios más eficientes, el bajo coste por clic (CPC) y la alta tasa de clic (*Click-Through Rate* [CTR]) versus los clientes con mayor nivel de rentabilidad (mayor beneficio neto unitario).

3. **Modelo predictivo: ¿qué es probable que ocurra?**

Se trata de un modelo avanzado y complejo en donde entra en juego la predicción a través de tendencias y análisis avanzados de datos históricos, usando para ello algoritmos que ayudarán a la detección de señales predictivas. El objetivo es adelantarse a lo que el *buyer* persona vaya a hacer minimizando al máximo el sesgo de error de los modelos e hipótesis lanzados al mercado. Por ejemplo, aplicar un algoritmo de carrito abandonado que aprende del comportamiento de los usuarios que llegan a esa fase final del *funnel* de conversión para optimizar la tasa de conversión de este crucial paso. El algoritmo basado en simulaciones e hipótesis que le marquemos irá testando y optimizando diferentes soluciones hasta encontrar la más eficiente.

4. **Modelo prescriptivo: ¿cómo hago que ocurra?**

La última pregunta es dónde están peleando las grandes marcas del mercado. Se trata de responder a la pregunta: ¿cómo hago que ocurra lo que la marca quiere que suceda? En este sentido la metodología consiste en el desarrollo de acciones estratégicas basadas en modelos de testeo predictivos junto con herramientas de analíticas avanzadas y *machine learning* de alto nivel. El objetivo estriba en que el usuario se comporte como la marca ha estimado que debe hacerlo en un momento concreto donde el modelo ha aprendido y se ha entrenado dando un sesgo positivo de acción. Por ejemplo, imagínate que en la próxima campaña del Black Friday pudiéramos estimar que para la promoción «X» del *buyer* persona «Y» con la campaña de pago por clic (PPC) en la *landing* diseñada el comportamiento y las ventas finales fueran de un crecimiento del 35 %. Se lanza y se cumple la condición.

Gráfico 1.1. Tipos de *data analytics*

¿Qué preguntas quieres responder?

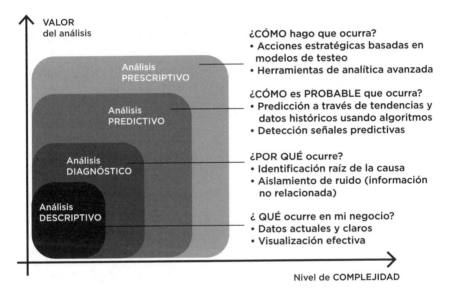

En su libro *Analítica Web 2.0* Avinash Kaushik nos da las claves de cómo debemos enfocar una estrategia de analítica profesional: «La analítica digital es el análisis de los datos cuantitativos y cualitativos desde un sitio web y de la competencia para impulsar la mejora continua de la experiencia *online* que tienen tanto los clientes habituales como los potenciales y que se traduce en unos resultados esperados (*off* y *online*)». Por tanto, una estrategia de analítica profesional debe:

- Extraer los datos digitales necesarios para cumplir los objetivos marcados de la web, las redes sociales, otras webs, móviles, etc., en la estrategia digital de la marca.

- Analizar y cruzar los datos extraídos por área de impacto: SEO, *social ads, email marketing,* todo el tráfico web, etc., y dimensión de análisis que se ha de aplicar: conversión, comercial, económica, de marca, etc., para plantear diferentes escenarios de toma de decisiones.
- Hacer prueba y error con *testing.* Responderemos a la pregunta ¿por qué? validando en cada momento el correcto camino que debemos seguir con el lanzamiento de diferentes hipótesis, cada una con acciones concretas que hemos de desarrollar.
- Facilitar la toma de decisiones basándonos en los resultados de los *testing.*
- Medir el ROI en marketing digital por fuente de tráfico, canal, campaña y acción.
- Aumentar la conversión final del sitio web y, por ende, los ingresos totales *online.*

El objetivo de esta segunda fase es poder transformar la información en conocimiento.

4. Negocio

Una vez definidos los datos que hay que analizar por el tipo de fuente y canal y diseñados el modelo de datos básico y el SIM, llega la hora de aplicar a la toma de decisiones el foco de negocio. Para ello debemos tener en cuenta estos aspectos:

- Contextualizar el dato dentro de la estrategia digital de la marca basándonos en unos objetivos SMART y en unos KPI estratégicos.
- Incorporar a la toma de decisiones indicadores de rentabilidad como el ROI, el ROAS, el beneficio neto y los márgenes de contribución. Se trata de indicadores y ratios financieros que hay que aplicar por canal de tráfico y por tipo de campaña y acción.
- Añadir datos estratégicos del *benchmarking* de competidores para entender la situación competitiva de la marca en el entorno digital en el que opera.

- Analizar datos históricos: ingresos por canal, rentabilidad por tipo de cliente, valor medio de pedido, etc., y variaciones medias periodificadas: mes anterior, año anterior, semestre de este año en relación al semestre anterior, etc.

Con todos estos ingredientes extraeremos las desviaciones respecto a los objetivos marcados y analizaremos el dato para tomar la decisión de negocio más eficiente. En este punto podemos ayudarnos de alguna herramienta de inteligencia de negocio, como Power BI, Tableau o Qlik, para extraer ese dato que se nos escapa y que resulta la clave del éxito (lo que se conoce como *insight*). Una vez tomada la decisión del negocio basada en el análisis de datos, hay que volver a medir el impacto, retroalimentar y reajustar el modelo de datos.

El objetivo de esta tercera fase consiste en transformar el conocimiento en *insights* válidos de negocio.

CAPÍTULO 2

— • • —

MODELO DE MADUREZ DIGITAL

1. Dibujar el modelo de madurez digital

El modelo de madurez digital nos ayudará a profundizar en el diseño de la medición exitosa de la estrategia digital de nuestra marca. Por ello debemos avanzar en trabajar los tres ejes del capítulo anterior (*data,* analítica y negocio) pero estableciendo una metodología profesional. El primer peldaño consiste en dibujar un modelo de madurez digital válido para nuestra empresa *online.* Para ello tenemos que entender dónde se encuentra nuestro negocio *online* y diseñar, personalizar y aplicar cada una de las cuatro fases de análisis para ayudarnos a medir con éxito nuestra estrategia digital, siempre avanzando de la fase 1 a la fase 4, para ir creciendo en complejidad y eficiencia en la toma de decisiones.

Fase 1: diseña tu modelo de datos

En esta fase empezaremos por el diseño básico del modelo de datos basándonos en la estrategia *online* definida que veremos en el capítulo 6:

- Objetivo: conocer y entender el negocio *online.*
- Estrategia: ordenar la gestión de los datos priorizando y focalizando en función de objetivos, área y canal.
- Método: diseño y análisis del modelo de datos establecido.

Un método eficaz consiste en construir una matriz sencilla con cuatro áreas de impacto: captación, retención, rentabilidad y clientes, teniendo en cuenta para cada área:

- Los canales de tráfico o adquisición digital: SEO, redes sociales, *email marketing,* directo, etc.
- Las fases del proceso de compra del cliente: descubrimiento *(awareness),* consideración *(consideration),* acción o decisión *(action)* y recomendación o fidelización *(advocacy).*
- Las plataformas y herramientas internas y/o externas y el tipo de dato que hay que analizar: interno versus externo y cuantitativo versus cualitativo.

De esta manera nos focalizaremos en áreas clave del negocio para saber cuáles son y dónde están los datos más relevantes para mejorar de manera directa la toma de decisiones.

Podemos convertir la matriz en una sencilla base de datos en Excel donde centralizar la información relevante del negocio por tipo de cliente, área de impacto y canal de la siguiente manera:

Fase 2: analiza los datos de tu negocio

Una vez diseñado el modelo de datos, empezamos a recoger y analizar datos de las acciones digitales de la marca, desde campañas de *social ads* hasta datos de carrito medio. Esto significa empezar a generar un histórico de datos que recogeremos en nuestra primera base de datos, clave para poder trabajar qué ocurre en el negocio y por qué (modelos descriptivos y de diagnóstico). En otras palabras, se trata de rellenar las hojas creadas en Excel con datos mensuales por tipo de cliente o *buyer* persona, área de impacto y canal:

- Objetivo: mejorar los resultados de negocio con el análisis de los datos.
- Estrategia: trabajar la optimización de los datos de los canales *online*.
- Método: análisis digital de nivel medio.

Con los datos históricos podemos empezar a:

- Analizar tendencias destacadas que nos den información contextual de calidad.
- Analizar la estacionalidad de la marca versus la competencia y el sector.
- Medir y corregir los test y las hipótesis lanzadas para optimizar las acciones digitales.
- Detectar patrones que nos aporten claves para aplicar en la estrategia digital.
- Diseñar previsiones, por ejemplo, con análisis regresivos (lineal, polinómico, exponencial, etc.).
- Diseñar escenarios de acción y toma de decisiones más complejos.

En definitiva, transformar el dato en información y la información en conocimiento para mejorar la toma de decisiones.

Fase 3: optimiza los datos digitales

Con las dos primeras fases desarrolladas y maduras, podremos pasar a realizar análisis más complejos que se centrarán en el cliente (los veremos con más detalle en el capítulo 5): ciclo de vida del cliente, valor de vida del cliente (*Customer LifeTime Value* [CLTV]), sentimiento en los perfiles sociales, análisis RFM *(Recency, Frequency,*

Monetary value) para determinar quiénes son los mejores clientes en función de la última compra, frecuencia de compra y gasto medio (enfoque válido para segmentar la cartera de clientes), análisis de ingresos recurrentes mensuales (*Monthly Recurring Revenue* [MRR]) e identificación de nuevas oportunidades *(insights)*.

- Objetivo: aprovechar al máximo las capacidades del negocio.
- Estrategia: desarrollar un conocimiento profundo del cliente *(customer centric)*.
- Método: análisis digital avanzado.

Para finalizar esta fase, veamos algunos conceptos y fórmulas para refrescar la memoria:

CLTV = Ingreso medio × Tasa de recurrencia × Margen bruto

Valor neto de los ingresos que nos genera un cliente durante el tiempo que permanece con nosotros.

Ingreso medio = *Ticket* medio

Cuánto compra nuestro cliente cuando compra expresado en euros.

Tasa de recurrencia

Número de veces que el cliente acude a nosotros durante su vida con nosotros.

Margen bruto = Ingresos − Gastos

Margen comercial que se obtiene por la venta de nuestro producto/servicio.

MRR = Ingreso por cada cliente × N.º de clientes

Cantidad de ingresos predecibles que una compañía espera recibir mensualmente.

Variación neta MRR = Nuevo MRR + Expansión MRR − MRR perdido

Nuevo MRR: MRR de clientes nuevos de este período.
Expansión del MRR: MRR ampliado en este período de clientes existentes, es decir, los que hacen algún tipo de *upgrade* y pagan más.
MRR perdido: MRR perdido de cancelaciones o *downgrades* de clientes existentes.

Fase 4: aplica inteligencia de negocio real

En esta última fase de maduración digital entramos en niveles complejos de técnicas de *data science* con diseño de modelos prescriptivos, uso de algoritmos y *machine:*

- Objetivo: impactar exponencialmente en el mercado.
- Estrategia: trabajar el diseño de modelos estadísticos complejos.
- Método: análisis de regresión, predictivo, clusterización, modelos de atribución, algoritmos o afinidad (analítica avanzada).

En esta fase podremos, por ejemplo, diseñar una promoción *online* para una tipología de persona y predecir el comportamiento real del cliente respecto al volumen de compras, la inversión óptima necesaria y el ROI casi real con márgenes de error y desviaciones muy pequeños simulando y entrenando los modelos previamente. Se trata de modelos inteligentes que aprenden y se ajustan con los datos y resultados obtenidos.

CAPÍTULO 3

— ● ● —

FINANZAS PARA NO FINANCIEROS

En este capítulo vamos a ayudarte a evitar los grandes errores financieros que suelen cometer los profesionales del marketing. La idea es contarte lo que necesitas saber de finanzas para poder orientar tus estrategias de marketing digital a resultados y que sepas optimizar los indicadores con los que trabajarás; es decir, darte las herramientas necesarias para obtener rentabilidad. Pero antes debes tener los conocimientos financieros básicos que te permitan entender los negocios desde el prisma de las finanzas para luego complementarlos con una visión más centrada en el marketing digital.

1. Conceptos básicos para construir la cuenta de resultados y definir el margen de tu negocio

Para empezar, hay que aclarar ciertos conceptos que suelen llevar a equívoco a la hora de calcular el margen de tu negocio y que nos hacen cometer errores estratégicos, poniéndolos en riesgo. Los principales conceptos que tienes que conocer son los siguientes:

- **Ingresos de explotación.** Se obtienen por la actividad habitual de la empresa. Pueden ser por venta de bienes o por prestación de servicios. Por ejemplo, si vendes aceite de oliva a través de un *e-commerce*, estas ventas se considerarán un ingreso. Sin embargo, si tienes una agencia de marketing donde prestas tus servicios, la cuota o tarifa *(fee)* que facturas a tus clientes será un ingreso de explotación. No hay que confundirlos tampoco con ingresos que no tienen origen en tu actividad habitual. Si tu agencia de marketing vende los ordenadores antiguos que tiene, esos ingresos tendrán la consideración de extraordinarios —porque no ocurren habitualmente— al no formar parte de la actividad habitual.
- **Gastos de explotación.** En ellos incurrimos para poder ejercer nuestra actividad habitual. En el caso del *e-commerce* de aceite, son la producción del aceite que vendas y los costes de transportarlo o de publicidad en Google Ads para vender más.
- **Costes variables.** Incluyen los que afectan directamente a la producción. Cuanto mayor sea el coste, suponemos que mayor será nuestra producción y, por tanto, mayor también la facturación. En el caso de la agencia de marketing, el principal coste variable será el equipo humano de la agencia. Cuanto mayores sean el coste salarial y el número de empleados, se considera que serás capaz de dar más servicios a los clientes, producir más y, por ello, facturar más.
- **Costes fijos.** No ejercen influencia directa en la producción y, por tanto, en las ventas. Siguiendo con el ejemplo de la agencia de marketing, el alquiler del local, el pago de la tarifa de Internet o de teléfono, el coste de los seguros, etc., son necesarios, pero no tienen efecto directo en la producción, por lo que son costes fijos.

Con estos conceptos claros podrás empezar a obtener márgenes y a construir la cuenta de resultados. Más adelante conocerás la estructura de esta cuenta, pero vamos a adelantar ahora dos tipos de márgenes: el margen bruto y el ebitda, indicadores que te darán la información sobre lo que ganas en tu negocio en la parte de la actividad principal. Más adelante veremos en profundidad cómo calcularlos.

2. Punto de equilibrio, primer objetivo

El punto de equilibrio (PE) o umbral de rentabilidad *(break-even)* se da cuando los ingresos igualan a los costes. Tiene un alto valor estratégico porque nos servirá para fijar el precio *(pricing)* de los productos que vendamos o de los servicios que prestemos. Una vez que los ingresos lo superen, aparecerán los beneficios. Controlando este concepto y conociendo nuestros costes, solo quedará determinar esos ingresos.

Los ingresos son el resultado de multiplicar el precio por el número de unidades vendidas:

Ingresos = PVP × N.º de unidades vendidas

Tendremos que fijar un precio que acepte el mercado y ver el número de unidades que seremos capaces de vender. Los errores que hay que vigilar en este proceso se centran en acertar con el número de unidades vendidas y, sobre todo, con la fijación del precio. Sabiendo muy bien los costes unitarios que necesitamos para producir el bien que venderemos y estimando un margen suficiente, nuestro precio nos ofrecerá garantías para que el negocio funcione.

Gráfico 3.1. Punto de equilibrio

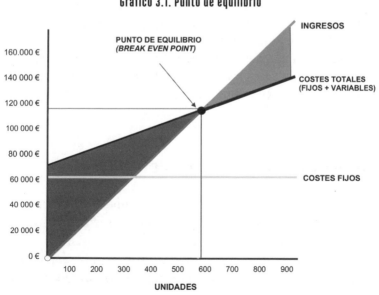

En el gráfico puedes observar cómo los ingresos empiezan desde cero mientras que los costes lo hacen ya con un valor en el eje Y. Esto se debe a los costes fijos; a partir de ahí el crecimiento viene dado por los costes variables. El área previa al punto muerto indica el lugar donde se producen las pérdidas en el negocio, mientras que a partir de este punto obtenemos un área de color verde, que representa el resultado positivo, las ganancias.

Con los conceptos de costes variables y costes fijos podrás establecer una estructura de costes en función de tu estrategia. Así, podrás elegir entre una estructura más pesada pero más barata ponderando más los costes variables o más ligera y cara, donde los costes variables ponderarán más. Tienes que escoger dónde situarte entre riesgo y coste.

Un ejemplo de estructura ligera o pesada se da frecuentemente en los hoteles, sobre todo en los más grandes. El personal de limpieza y arreglo de las habitaciones puede ser propio o subcontratado. Cuando el hotel decide que ese personal sea subcontratado, la estructura de coste es más ligera porque según la ocupación del hotel puede subcontratar o no a más personal, aunque este coste sea mayor porque hay que pagar al profesional y además el margen de la empresa a la que hemos subcontratado ese personal.

Si el hotel elige que estas personas sean contratadas directamente y pasen a ser personal propio de la empresa, el coste por empleado será menor porque no habría que pagar el margen de la empresa subcontratada, pero la estructura será más pesada porque no existiría la flexibilidad necesaria en momentos de poca ocupación.

Estos dos conceptos más el de PE te permitirán realizar la fijación de precios de la compañía y saber dónde puedes ser rentable con las ventas que generas.

3. Balance de situación y cuenta de resultados

Son dos de los estados financieros que más importancia tienen y más información nos suministrarán a la hora de ver cómo están funcionando nuestros servicios o nuestras acciones de marketing de digital. La realización de ambos estados es imperativa para cumplir las obligaciones mercantiles y fundamental para obtener la mayor información posible que se extrae de los datos recogidos en estos informes. De tu conocimiento y de tu capacidad para interpretarlos dependerá que tomes mejores decisiones en tus negocios.

Balance de situación

Imagínate una época en la que los negocios no han avanzado en los conocimientos contables y financieros. Un empresario o comerciante intuitivo haría una lista con las cosas que tiene, como el dinero, las máquinas, las instalaciones, los productos, etc. Posiblemente además se atrevería a darles un valor económico. ¿Por qué haría esa lista? La lógica nos dice que cualquier empresario quiere saber con qué medios cuenta para llevar a cabo su negocio de la manera más eficiente. Otra razón podría ser conocer la riqueza de la que dispone. Pero es obvio que esta persona, viendo cómo funciona su negocio, llegará un momento en el que se plantee más cosas y vea que esa lista no muestra la realidad total de su compañía. Se empezará a dar cuenta de que necesita otra lista con las personas o entidades a las que les debe algo: bancos, proveedores, clientes que le han anticipado dinero, impuestos, etc. Esas dos listas son el activo y el pasivo que conforman el balance de situación.

Un balance de situación es un estado financiero que nos muestra la posición financiera de la empresa. No enseña su evolución, sino la situación en una fecha concreta, es decir, la información económica y financiera en un momento determinado. Por eso el balance de situación es como una fotografía de la situación de la empresa; se trata de una información estática, y como tal debemos tratarla.

La información que conocerás en el balance de tu compañía se divide en dos grandes bloques: el activo y el pasivo.

El activo incluye los bienes y derechos de tu compañía y el pasivo, sus obligaciones. Esta es la lectura jurídica de un balance. Sin embargo, desde una perspectiva económica y financiera, en el activo encontramos en qué se ha invertido el dinero que la empresa ha conseguido, mientras que en el pasivo conocemos el origen de esos fondos y a través de qué fuentes se obtuvieron. Vamos a ver en detalle estos dos bloques:

- **Activo.** Es una de las partes fundamentales del balance donde encontraremos el conjunto de bienes y derechos que posee la empresa o donde se han invertido los fondos conseguidos. Se clasifica en dos apartados:
  - **Activo corriente.** Recoge los bienes o derechos de la empresa que entendemos que van a estar menos de un año en el balance en el momento de la contabilización. Abarca las existencias. Ejemplos: producto terminado o materias primas.
  - **Activo no corriente.** Registra los bienes y derechos que estarán en el balance más de un año. Ejemplos: terrenos, edificios, locales, maquinaria, concesiones y equipos informáticos.

Anteriormente se les llamaba *activo circulante* y *activo fijo,* respectivamente. Es posible que encuentres mucha bibliografía con la anterior terminología.

¿Por qué es importante esta división? Porque nos indica la liquidez del activo y por tanto la facilidad para convertirlo en dinero de la manera más rápida. Lo más habitual es representar el activo en un orden de menor a mayor liquidez: en la parte más alta se sitúa el activo no corriente y en la más baja, el activo corriente. En el activo corriente están la cuenta de clientes y deudores (deudas que terceros mantienen con nosotros) y, finalmente, el efectivo y los activos financieros, que son muy líquidos.

En cuanto a la *liquidez,* se entiende por tal la capacidad del activo para convertirse en efectivo (dinero) lo más rápidamente posible sin pérdida de valor. Por ejemplo, si tenemos un local valorado en 300 000 € y deseamos convertirlo en dinero, tendremos que venderlo, pero lograr esa venta hoy mismo por ese valor resultaría complicado. Si deseamos los 300 000 €, el proceso será lento, y para acelerarlo tendremos que reducir el precio de venta. Se puede comprobar así que el local es un activo poco líquido porque o tardaremos en convertirlo en dinero o perderá valor. Por el contrario, si un cliente nos ha contratado para un servicio y nos ha dicho que nos pagará en treinta días, ese importe se contabilizará en la cuenta «clientes» y durante treinta días estará allí hasta que cobremos el dinero. Al tratarse de un proceso más rápido y sin pérdida de valor, este activo será más líquido que el local.

Cuadro 3.2. Balance de situación: Activo

ACTIVO	
Activo no corriente	22 000 €
Locales	0 €
Ordenadores	20 000 €
Inversiones financieras	2000 €
Activo corriente	86 781.21 €
Existencias	1500 €
Clientes	60 000 €
Tesorería	25 281.21 €
TOTAL ACTIVO	108 781.21 €

- **Pasivo.** Incluye las obligaciones de la empresa, a quién se le debe dinero, y en él se registran las fuentes de financiación. Encontramos aquí el origen del dinero que posteriormente hemos invertido. El pasivo se divide en tres bloques, que en este caso ordenaremos según la inmediatez de la obligación, no dependiendo de la liquidez:
  - **Pasivo corriente.** Abarca las deudas u obligaciones que tenemos que satisfacer en menos de un año: deudas con bancos a corto plazo, con Hacienda, con la Seguridad Social, con proveedores, con empleados, etc.
  - **Pasivo no corriente.** Incluye las deudas a largo plazo, que son las que debemos devolver en un plazo superior a un año: deudas con bancos a más de un año o con proveedores de inmovilizado que nos han vendido un activo no corriente y cuyo pago se ha pactado en varios años.
  - **Patrimonio neto.** Es la parte del pasivo que corresponde a los accionistas. Sus principales partidas son:

- **Capital social.** Es el dinero que pusieron los socios en el momento de la constitución.
- **Reservas.** Corresponde al beneficio de la empresa que se ha retenido en años anteriores. Existen varios tipos.
- **Resultado del ejercicio en curso.** Esta obligación es con los accionistas, aunque carece de exigibilidad inmediata.

Cuadro 3.3. Balance de situación: Pasivo

PASIVO	
Patrimonio neto	**7206.21 €**
Capital	3000 €
Reservas	3925 €
Resultado del ejercicio	281.21 €
Pasivo no corriente	**13 500 €**
Proveedores de inmovilizado	1500 €
Deudas bancarias a largo plazo	12 000 €
Pasivo corriente	**88 075 €**
Deudas bancarias a corto plazo	35 000 €
Proveedores	32 400 €
Hacienda pública	20 675 €
TOTAL PASIVO	**108 781.21 €**

Cuenta de resultados

Si seguimos con la analogía que utilizamos para explicar el balance de situación, piensa en esa persona que inicia su negocio. Una de las cosas fundamentales que hacen los empresarios y comerciantes es apuntar todo lo que venden y todos los gastos en los que incurren para que su negocio funcione. Eso es la cuenta de resultados: un estado financiero que recoge los ingresos y gastos de la empresa; por tanto, sumándolos y restándolos obtenemos el resultado, que pueden consistir en pérdidas o en ganancias. Por esta razón también se conoce a este estado financiero como *cuenta de pérdidas y ganancias*. La información que nos proporciona la cuenta de resultados es distinta de la del balance de situación: es de carácter económico y, sobre todo, dinámica. Nos da la información de lo que ha ocurrido en un período de tiempo (un año, un trimestre, un mes, etc.).

A pesar de que existe una estructura formal de la cuenta de resultados, en este libro conocerás esta cuenta con una visión analítica que te permitirá obtener mejor información. La cuenta de resultados se divide principalmente en ingresos y gastos. La diferencia entre ambos determinará si ganamos o perdemos dinero con la actividad. Lo interesante de esta cuenta estriba en diferenciar entre determinados ingresos y gastos, lo que supondrá obtener distintas magnitudes de resultados y, por tanto, una información más detallada de dónde ganamos y dónde perdemos dinero.

Antes de ver estos diferentes ingresos y gastos, cabe recordar que un ingreso no es un cobro ni un gasto o coste es un pago. Uno se rige por el principio de devengo (ingreso y gasto) y se contabiliza cuando se formaliza una transacción comercial, mientras que el otro (cobro y pago) tiene criterio de caja y se contabiliza en el momento en el que se ha recibido o enviado dinero. Los tipos de ingresos y gastos y los bloques de una cuenta de resultados son los siguientes:

- **Facturación.** Se trata de los ingresos recibidos por la venta de un producto o la prestación de un servicio y se generan a partir de la relación comercial que tenemos con nuestros clientes en el momento en el que se ha formalizado una transacción.
- **Costes variables.** Vienen determinados por la producción de los bienes o la prestación de los servicios que realizamos. Varían en función de la actividad que realicemos. Ejemplos: materias primas y salarios de las personas de producción. Las características principales de estos costes son las siguientes:
  - Si la actividad se anula, desaparecen.
  - Son proporcionales a las unidades producidas.
  - No dependen del tiempo, sino del volumen de la actividad.
  - Son gestionables a corto plazo.

En este último punto es donde radica la necesidad de conocer cuáles son los costes variables de una empresa, pues variabilizarlos nos permitirá ser flexibles en la gestión cuando hay picos de producción o caídas en la actividad.

- **Costes fijos.** Son los gastos que no tienen relación directa con la actividad generada. Aunque esta es la definición teórica, resulta inevitable que todos los gastos tengan repercusión en la actividad —en caso contrario, lo razonable sería eliminarlos—. Aunque su alteración no tiene un efecto directo en la actividad productiva, sí son necesarios para que el negocio funcione. Ejemplos: gastos de alquiler de oficina, sueldos del equipo de dirección y ciertos seguros.

- **Amortizaciones.** Indican un nuevo tipo de gasto relacionado con las inversiones. Su porqué es muy sencillo. Imagina que compras un ordenador o una maquinaria concreta. Este bien será productivo durante cuatro o cinco años en tu negocio, por lo que sería injusto que el importe de esta compra se llevará a gasto en un año solamente. Con este proceder estarías penalizando la cuenta de resultados del año en concreto y favoreciendo la de los otros cuatro siguientes años. El concepto de amortización contable evita este dilema. La manera de hacerlo consiste en estimar la vida útil de ese bien, dividir el importe de la inversión por el número de años que estimas y contabilizar ese resultado como amortización. La Agencia Tributaria tiene unas tablas que orientan sobre la vida útil y por tanto en qué rango de años nos tenemos que mover para realizar las amortizaciones contables de los bienes de inversión.

- **Resultado financiero.** Es el resultado de la diferencia entre los ingresos y los gastos financieros. ¿Y cuáles son? Los ingresos financieros son los rendimientos que se obtienen de la gestión de la tesorería de la empresa. Si existe excedente de dinero en el banco y se decide invertirlo en activos financieros, los rendimientos que se obtengan serán los ingresos financieros. Pero no nos engañemos: son pocas las compañías que consiguen esta situación. La mayoría de las pymes necesitan financiación, por lo que deben solicitarla a las entidades bancarias o a organismos que la den en condiciones favorables. Esta financiación lleva aparejado un coste, los gastos financieros, que contabilizaremos cuando ocurran.

- **Resultado extraordinario.** Se obtiene por alguna acción que no es habitual en la empresa, que se sale de la actividad habitual del día a día. Igual que en el caso anterior, el resultado extraordinario viene determinado por la diferencia entre los ingresos que se han producido de manera no habitual y los gastos de la misma naturaleza. Por ejemplo: imagina que en la oficina de tu agencia de marketing donde se prestan servicios a clientes hay un problema con las instalaciones, como la rotura de una ventana, una inundación o un robo, que no cubre el seguro. Estos gastos tendrán esa naturaleza de extraordinarios. No se pueden considerar dentro de tus gastos corrientes o habituales, sino como gastos que no están previstos ni se espera que vuelvan a ocurrir. Respecto a los ingresos financieros, son ejemplos la venta de un local en propiedad, de ordenadores que antes usábamos, de parte de nuestra cartera de clientes, etc. Se trata de ingresos que no son recurrentes por nuestra actividad y que, en caso de producirse, deben contabilizarse como extraordinarios.

- **Impuestos.** Se determinan en función de los resultados obtenidos. Si la empresa ha obtenido beneficios, se gravará con un 25 % como tipo general (ciertas deducciones reducen el tipo medio efectivo). Si ha sufrido pérdidas, la compañía podrá compensar las pérdidas acumuladas con beneficios futuros.

Ahora toca ver los diferentes resultados que se obtienen y la distinta información que nos proporciona cada uno. Nos centraremos en el margen bruto, el ebitda, el EBIT, el EBT y el beneficio neto.

Cuadro 3.4. Ejemplo de cuenta de resultados

CUENTA DE RESULTADOS	IMPORTE	%
Ventas	1000 €	100 %
Costes variables	350 €	35 %
MARGEN BRUTO	**650 €**	**65 %**
Costes fijos	125 €	12.5 %

CUENTA DE RESULTADOS	IMPORTE	%
EBITDA	**525 €**	**52.5 %**
Amortizaciones	100 €	10 %
EBIT	425 €	42.5 %
Ingresos extraordinarios	120 €	12 %
Gastos extraordinarios	20 €	2 %
Ingresos financieros	0 €	0 %
Gastos financieros	150 €	15 %
EBT	**375 €**	**37.5 %**
Impuesto de sociedades	93.75 €	9.38 %
BENEFICIO NETO	**281.21 €**	**28.1 %**

Empezaremos ahora a calcular los distintos márgenes con las partidas que acabamos de conocer. Así podrás identificar si tu empresa gana o pierde dinero y, sobre todo, en qué parte del proceso lo hace para poder tomar medidas concretas:

- **Margen bruto.** Se calcula restando a los ingresos por ventas los costes variables. Por tanto, es el beneficio directo que se obtiene por una actividad comercial. Lo podemos encontrar expresado en valor absoluto y en valor porcentual:

Margen bruto = Ventas − Costes variables
% Margen bruto = (Ventas − Costes variables) / Ventas

Una utilidad importante del margen bruto es que nos permite comparar compañías para ver cuál tiene la actividad más rentable. Es un indicador muy utilizado por inversores e incluso por los equipos directivos de las propias empresas para comparar cómo lo están haciendo frente a la competencia. Un margen bruto alto es señal de que se está haciendo una buena gestión.

- **Ebitda.** Es el acrónimo de *Earnings Before Interest, Taxes, Depreciation and Amortization,* es decir, el beneficio bruto de explotación calculado antes de intereses, impuestos, depreciación y amortización. Se calcula restando los costes fijos al margen bruto:

Ebitda = Margen bruto − Costes fijos

Con el ebitda conocemos qué es capaz de generar la empresa según su actividad y la estructura diseñada para que el negocio funcione. Al igual que el margen bruto, podemos comparar nuestra empresa con otras y ver si estamos consiguiendo márgenes peores o mejores que la competencia. Este indicador nos puede dar una visión bastante aproximada de si el negocio está sobredimensionado en estructura o no. Nos puede ayudar a detectar si, por ejemplo, tenemos instalaciones por encima de nuestras posibilidades o exceso de plantilla. También se emplea mucho en operaciones corporativas o de financiación. Muchas transacciones de compraventa de empresas o de préstamos se hacen basándose en multiplicadores sobre ebitda; por ejemplo, se valora una empresa en seis veces ebitda o se le otorga un préstamo por valor de tres veces ebitda.

- **EBIT.** Es el acrónimo de *Earnings Before Interest and Taxes,* es decir, el beneficio antes de intereses e impuestos, un indicador muy similar al ebitda (en muchos negocios registra valores parecidos). Su gran utilidad se encuentra en negocios donde se necesita mucha inversión en bienes de equipo, como empresas con muchos ordenadores, elementos de transporte o maquinaria. El EBIT, que recoge esa cantidad importante de amortizaciones que se realizan cada año, se calcula restando las amortizaciones contables al ebitda:

EBIT = Ebitda − Amortizaciones

- **EBT.** Es el beneficio antes de impuestos e indica el capital con el que cuenta una empresa antes de pagar los impuestos. En este margen se tienen en cuenta el resultado financiero y los resultados extraordinarios. Se calcula restando al EBIT el resultado extraordinario y el resultado financiero:

EBT = EBIT − Resultado extraordinario −
Resultado financiero

La utilidad principal de este indicador es calcular los impuestos que tiene que pagar la compañía por la actividad generada durante el ejercicio en curso. En términos fiscales es la base imponible de la empresa en este ejercicio. Posteriormente es probable que entren en acción ciertas deducciones y ajustes fiscales, pero no es objetivo de este libro.

- **Beneficio neto.** Se trata del indicador de beneficio más conocido porque recoge todas las partidas de la actividad, pero no es el más importante. Representa el último margen que se obtiene al restar los impuestos al EBT:

$$\text{Beneficio neto} = \text{EBT} - \text{Impuestos}$$

Sobre el beneficio neto de la compañía podemos tomar dos opciones que hay que decidir cada año: repartir todo o parte entre los socios o dejarlo en la empresa de forma que pase a formar parte del patrimonio neto.

4. Cómo utilizamos la información de los estados financieros: los ratios

Una vez conocidos los dos estados financieros fundamentales en la gestión de una empresa, toca saber utilizarlos, combinarlos, relacionarlos y ver cómo se comportan magnitudes relacionadas, lo que se hace a través de ratios.

Puedes encontrar mucha información y referencias donde se habla de *ratio* en masculino, *el ratio,* pero también en femenino, *la ratio,* y es normal utilizar ambas formas. ¿Por qué? Según la RAE, el significado de ratio es «razón» y «cociente entre números». Si pensamos en el primer significado de *razón,* lo apropiado es usar el término en femenino, pero si pensamos en el cociente, debería emplearse en masculino.

Aclarado esto, vamos a trabajar con ratios relacionando magnitudes de la cuenta de resultados entre ellas, magnitudes del balance de situación entre ellas y magnitudes de la cuenta de resultados con magnitudes del balance de situación. A la habitual pregunta de ¿cuántos ratios financieros existen? hay que dejar bien claro que no hay límite: podemos comparar todas las magnitudes que tenemos con las combinaciones que consideremos. Lo que sí resulta muy importante es saber qué estamos comparando, la información que estamos obteniendo y el uso que le daremos.

Ahora vamos a ver los indicadores o ratios más habituales con los que se puede tener una primera visión de cómo funciona la empresa que estamos analizando y su evolución para ejercer cierto control económico y financiero. Pero recuerda que hay muchos más y que cada usuario, analista o responsable de compañía puede crear los ratios que necesite comparando las magnitudes que le den la información que requiere.

Ebitda sobre ventas

Es un ratio muy sencillo que compara el ebitda generado con las ventas de ese mismo período. Indica el margen que estamos obteniendo sobre las ventas generadas. Cuanto mayor sea el margen obtenido, mejor. ¿Cómo se lee este ratio? Hay que observar cómo ha evolucionado en el tiempo, pues ver un año puntual nos puede dar una información equívoca. Incluso si pudiéramos compararlo con los ratios de otras empresas del mismo sector, sabríamos qué tal lo está haciendo la nuestra. Veamos un ejemplo en la siguiente tabla:

Cuadro 3.5. Ejemplo de cuenta de resultados

	2018	2019	2020	2021
Ventas	2.345.667	2.645.551	3.221.268	5.444.339
Costes variables	1.388.781	1.246.777	1.855.439	2.089.877
Margen bruto	956.866	1.198.774	1.365.829	3.354.462
% MB / ventas	41%	49%	42%	62%
Costes fijos	245.661	456.654	856.432	2.067.765
Ebitda	711.225	742.120	509.397	1.286.697
% Ebitda / ventas	30%	30%	16%	24%

¿Qué podemos apreciar en la evolución de la cuenta de resultados de esta compañía? ¿Mejora o empeora? Se observa que las ventas van creciendo cada año y que cada vez el crecimiento es mayor en valor absoluto y porcentualmente, lo que puede considerarse una buena evolución.

Por el contrario, el ebitda crece en el mismo período de manera considerable, salvo una caída de la cifra en 2020. ¿Cuál es la diferencia? El ebitda ha crecido menos que las ventas. Observa que el ratio que estamos analizando, el ebitda sobre ventas, es del 30 % el primer y el segundo año, baja al 16 % el tercer año y el cuarto se sitúa en el 24 %.

¿Cuáles han sido las causas de este descenso del ebitda sobre ventas? Aunque el crecimiento de ventas y la gestión de los costes variables han sido buenos, los costes fijos de la empresa se han disparado: han crecido en mayor medida que las ventas y el margen bruto. La lectura que deberíamos hacer, si bien con muchos matices, es que la compañía ha optado por una estructura que posiblemente esté sobredimensionada y tenga un gasto excesivo en alquileres, empleados, suministros, etc. El riesgo de esta situación radica en que, si las ventas bajan de manera repentina, resultaría difícil actuar sobre los costes fijos para paliar este descenso. Así que la lectura general en este caso debería ser que, aunque el ebitda aumente y la empresa gane más, tenemos un indicador que nos está advirtiendo de ciertos riesgos con los costes fijos, por lo que toca decidir si seguimos apostando por esta situación o actuamos sobre ellos.

Fondo de maniobra

Este ratio indica la capacidad que tiene la compañía para hacer frente a sus obligaciones a corto plazo con los bienes a corto plazo que posee. Si tiene suficientes recursos a corto plazo para hacer frente a dichas obligaciones, tendremos un fondo de maniobra positivo.

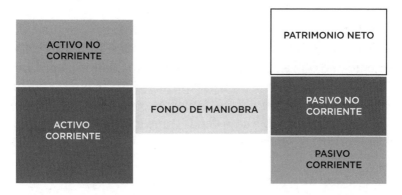

Si el fondo de maniobra fuera negativo, la empresa no sería capaz de hacer frente a sus pagos inmediatos y por tanto podría tener problemas de insolvencia por falta de liquidez.

Cuadro 3.7. Fondo de maniobra negativo

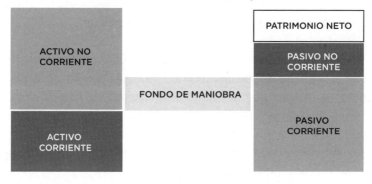

Respecto a la denominada *rotación del activo corriente,* se trata del ratio de gestión de activos líquidos, es decir, los que se vuelven efectivo en un período menor de un año, que normalmente suelen ser el activo disponible (efectivo, caja, bancos), el exigible (cuentas, documentos, anticipos a cobrar) y el realizable (inventarios) para generar ventas. Si una compañía consigue que el ciclo comercial donde las existencias y los cobros pendientes se conviertan muy rápido en dinero, podrá funcionar con un fondo de maniobra negativo. De hecho, puede ser una situación mucho mejor en términos de rentabilidad que el fondo de maniobra positivo.

Ratio de endeudamiento

Indica la forma en la que se ha financiado la empresa comparando la financiación propia con la ajena. Se calcula relacionando los pasivos corriente y no corriente con el patrimonio neto. Mide el llamado *apalancamiento financiero*. De ahí la expresión «esta empresa está muy apalancada (muy endeudada)». Podemos observar que el concepto de apalancamiento habla de la deuda como una palanca que permite acelerar el negocio en vez de ser una carga:

Ratio de endeudamiento = (Pasivo no corriente + Pasivo corriente) / Patrimonio neto

Cuanto más alto sea este ratio, mayor financiación ajena que propia estamos usando para financiar nuestra compañía. Una duda habitual es qué es mejor, un endeudamiento alto o bajo. Y, como casi siempre, esto depende de la empresa y de sus objetivos. Lo que sí es importante es entender qué supone cada situación:

- Si el endeudamiento es alto, la rentabilidad resulta mayor porque el coste de financiación de los recursos propios (patrimonio neto) es mayor que la financiación ajena. La mayor parte del riesgo la soportan los financiadores ajenos (bancos, proveedores, etc.). Pero esto no puede ser ilimitado. La compañía tiene que ser capaz de devolver la deuda que ha generado para que su supervivencia no se vea amenazada.
- Si el endeudamiento es bajo, significa que el mayor riesgo lo están soportando los accionistas. Además, como esta financiación es más cara, la rentabilidad resultará menor. La parte positiva de esta opción consiste en que la empresa tendrá menos tensiones para afrontar sus obligaciones.

Deuda financiera neta sobre ebitda

La deuda financiera neta (DFN) se calcula en función de la deuda financiera y la tesorería. La deuda financiera es aquella por la que, al recibirla, asumimos un coste financiero que hay que pagar cuando la devolvemos. Principalmente se incluyen en esta magnitud la deuda bancaria, tanto a corto como a largo plazo, y los proveedores de inmovilizado. Finalmente, se le resta la tesorería. Si comparamos la DFN con el ebitda mediante un cociente, tendremos el número de años estimado que la empresa será capaz de devolver la deuda con lo que genera su actividad. Este indicador, que utilizan a menudo las entidades financieras a la hora de analizar operaciones de riesgo con compañías para poder decidir si se conceden préstamos o no, tiene algunas peculiaridades matemáticas. Veamos varias situaciones:

- **DFN positiva + ebitda positivo.** Quiere decir que hay más deuda financiera que tesorería y, si además el ebitda es positivo, es decir, la empresa genera beneficios con su actividad, obtendremos un resultado positivo. Por ejemplo, si la DFN es de 2 000 000 € y el ebitda de 500 000 €, el indicador resultante será 4. Esto significa que la compañía con la generación de ebitda que tiene tardará cuatro años en devolver la deuda.
- **DFN positiva + ebitda negativo.** Quiere decir que hay más deuda financiera que tesorería y, si además el ebitda es negativo, es decir, la empresa genera pérdidas con su actividad, obtendremos un resultado negativo. Por ejemplo, si la DFN es de 2 000 000 € y el ebitda de −500 000 €, el indicador resultante será −4. Esto significa que la compañía con su generación de ebitda no puede devolver la deuda. Obtenemos, pues, un indicador negativo... mala señal.
- **DFN negativa + ebitda positivo.** Quiere decir que hay más tesorería que deuda financiera. Si además el ebitda es positivo, es decir, la empresa genera beneficios con su actividad, obtendremos un resultado negativo. Por ejemplo, si la DFN es de −2 000 000 € y el ebitda de 500 000 €, el indicador resultante será −4. Obtenemos un indicador negativo, pero por una razón bien distinta a la del escenario anterior, ya que la compañía sí es capaz de devolver la deuda a pesar de que la parte matemática del indicador nos transmite una mala situación financiera de la empresa.

Rentabilidad económica

Mide la capacidad de generar beneficios con los activos de una empresa. A este indicador se lo conoce como *rentabilidad sobre los activos* (*Return On Assets* [ROA]). Puede aparecer en mucha bibliografía como ROI, pero no debemos confundirlo con el habitual ROI que tanto se mide en marketing y que veremos en capítulos posteriores. Se calcula comparando un indicador de beneficio de la compañía con el activo de la empresa. Los indicadores de beneficio más usados para este cálculo son el ebitda y el EBT:

ROA = Ebitda / Activo

Cuanto mayor sea este indicador, mayor resultará la rentabilidad económica que obtendrá la compañía. Si queremos mejorarlo, tenemos dos campos de acción principales: mejorar el ebitda aumentando las ventas y/o disminuyendo los costes o reduciendo el activo de la empresa.

Rentabilidad financiera

Este indicador mide la rentabilidad que logran los accionistas de la compañía. Compara el beneficio neto con el patrimonio neto *(equity)*. Se conoce como *Return On Equity* (ROE):

ROE = Beneficio neto / *Equity*

Al igual que el ROA, cuanto mayor sea, mayor rentabilidad obtendrán los accionistas con su inversión. La clave de este indicador radica, por la parte económica, en la capacidad de la empresa para conseguir el mayor beneficio neto, y por la parte financiera, en la estructura de financiación que se diseñe. Cuantos más recursos ajenos obtenga la compañía para financiarse y por tanto menos tengan que aportar los accionistas, mayor será el ROE.

CAPÍTULO 4

———•·•———

CÓMO PONER PRECIO A UN PRODUCTO O SERVICIO DIGITAL

Según Warren Buffett, uno de los inversores más reconocidos en el ámbito mundial, «el precio es lo que pagas; el valor, lo que obtienes». Se trata de un concepto que Buffett ha utilizado en sus numerosas inversiones y que resulta ampliamente aplicable en ese mundo. Ahora trataremos de trasladarlo a un problema más cercano: la fijación del precio de un producto o servicio.

Para ello hay que entender desde el principio que el valor es un término objetivo y obedece a la percepción de una parte de la transacción. No solo está la percepción objetiva, sino la utilidad que se le dará al producto. Por ejemplo, si compramos una caja de cien tornillos para montar un mueble en nuestra casa, esos tornillos tendrán un valor posiblemente bajo. Sin embargo, si un comerciante que monta muebles para luego venderlos adquiere esa caja por el mismo precio, su percepción de valor será mucho mayor. Por tanto, la discusión de lo que vale algo supone un asunto difícil de solucionar porque cada sujeto obtendrá una percepción diferente del valor. Lo mismo pasa con los conceptos caro y barato.

Además de esta visión del «valor», puede haber algunas más, pero resulta importante entender lo que significa el «precio» de las cosas. Se trata de un concepto mucho más exacto, donde podemos poner un número y no es discutible, pues el precio es el punto donde tanto comprador como vendedor igualan su estimación de valor. Desde el punto de vista microeconómico, en el precio se encuentran la oferta y la demanda, es decir, es donde dos personas o entidades han decidido realizar una transacción económica e intercambiar ese producto o servicio por dinero.

Ahora que ya queda clara la diferencia entre el valor y el precio, pensemos en un segundo dilema: ¿qué precio ponemos a los productos o servicios que vendemos?, ¿cómo hacemos para fijarlo?, ¿lo aceptará el mercado?, ¿ganaremos dinero? Con la fijación del precio de nuestros productos o servicios determinaremos muchas cosas de nuestra estrategia. En este capítulo intentaremos dar respuesta a las dudas que surgen al establecer precios.

A continuación, vamos a ver las tres maneras principales a la hora de fijar los precios:

- En función de la teoría económica.
- A partir de los costes de la empresa.
- Según lo que hace la competencia.

1. Fijación de precios según la oferta y la demanda

Según la teoría económica de la oferta y la demanda, una manera de determinar los precios es fijarlos en el lugar donde se cruzan ambos conceptos tal y como se representa en el siguiente gráfico:

Cuadro 4.1. Fijación de precios según la oferta y la demanda

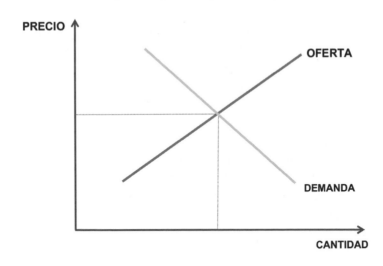

La dificultad de este método reside para el pequeño empresario o comerciante en que pocos podemos conocer cuál es la curva de la demanda y de la oferta del mercado para determinar el precio. Como teoría económica tiene mucho sentido y se utiliza a menudo en estudios de este tipo, pero en la realidad empresarial resulta casi imposible llevar a la práctica y determinar una política de precios de esta forma.

Vista esta problemática, nos centraremos en los otros dos métodos que son más fáciles de emplear y de actualizar constantemente.

2. Fijación de precios basada en la competencia

Constituye uno de los métodos más habituales a la hora de fijar los precios. *A priori* puede parecer la forma más sencilla de hacerlo. Consiste en estudiar qué hacen nuestros competidores y, en función de sus precios, fijar los nuestros para poder competir. Las formas de hacerlo son varias y no las hay mejores o peores, sino que obedecen a las estrategias que quieran llevar a cabo las empresas.

Rango bajo

La estrategia es muy sencilla: queremos atraer la atención del público por ser baratos o muy baratos y así poder vender más. Veamos a continuación las ventajas y los inconvenientes de este sistema y analicemos sus consecuencias:

Ventajas:

- **Sencillez.** El posicionamiento del producto es más sencillo porque llamamos la atención por ser baratos. No tenemos que hacer grandes esfuerzos para justificar un alto precio contando las bondades del producto.
- **Más ventas.** Es lógico que con un precio atractivo más personas se vean atraídas a comprar un producto o servicio, por lo que *a priori* las ventas deberían ser altas.
- **Necesidad de menor financiación a corto plazo.** Si el público acepta el posicionamiento de nuestro producto y las ventas son elevadas, se produce una alta rotación del activo corriente, con lo que las necesidades de financiación a corto plazo disminuyen (si la velocidad de esta rotación descendiera, la compañía tendría problemas).

Inconvenientes:

- **Percepción de baja calidad.** El valor o la calidad del producto se perciben como bajos debido a que el cliente nos ha conocido por este posicionamiento de precios y será complicado cambiar esa percepción.
- **Margen estrecho.** Al trabajar con precios bajos, obtendremos márgenes estrechos. La empresa debería hacer un gran ejercicio de contabilidad de costes y conocerlos muy bien y también el margen que dará el beneficio. Si el margen resultara negativo, supondría incurrir en pérdidas; esto, aunque sea bastante obvio, se da frecuentemente por el desconocimiento de las compañías en el escandallo —la relación o el detalle de los costes— de sus productos.

- **Menor posibilidad de reacción ante la bajada de precios de la competencia.** Si la competencia hace un movimiento de bajada de precios y nuestra empresa no tiene margen para ello, la posibilidad de reacción disminuye y la estrategia se puede ver afectada porque el público ya no nos percibiría ni como los más baratos ni como los de mayor calidad.

Cuadro 4.2. Representación de marcas en matriz calidad-precio

Rango alto

En esta situación se apuesta por la calidad y el reconocimiento de valor o de marca por parte del cliente: queremos que nos identifiquen con algo elitista que merece pagar ese sobreprecio, y la satisfacción que recibirá a cambio el cliente deberá ser alta. Veamos las ventajas y los inconvenientes de este posicionamiento:

Ventajas:

- **Margen elevado.** Vendemos a precios altos, por lo que nuestros márgenes unitarios serán elevados.

- **Percepción de alta calidad.** El cliente percibirá nuestros productos o servicios de manera implícita como de calidad. Ese posicionamiento de precios forma parte del marketing y de la comunicación del producto.
- **Menor competencia.** Se trata de un rango de precios donde suele haber menos competencia. Existen menos compañías posicionadas en los rangos altos (aunque suelen ser las más fuertes y poderosas).
- **Mayor posibilidad de hacer ofertas y descuentos.** Obtener un margen mayor con la venta de nuestros productos o servicios nos permite hacer mayores ofertas, descuentos o promociones sin dañar la parte financiera (no obstante, este punto tiene matices que vemos a continuación en los inconvenientes).

Inconvenientes:

- **Necesidad de mayor inversión en comunicación.** Precisamos una elevada inversión en comunicación para trasladar los valores del producto que justifiquen el porqué de un precio alto.
- **Menos ventas.** Al ser los precios altos, no suele tratarse de productos masivos (hay excepciones, como los de Apple), por lo que, al vender menos unidades, las ventas (precio × unidades) normalmente resultan menores.
- **Mayor autoexigencia de calidad.** La empresa no puede fallar en la calidad o el servicio del producto: adquirir mala fama con precios altos puede ser determinante para su futuro.
- **Limitación a la política de promociones y descuentos.** El posicionamiento de alto valor o exclusivo no nos permite realizar promociones o grandes descuentos porque el cliente no los suele percibir de forma positiva, sino como un descrédito de la marca. No obstante lo anterior, muchas marcas de lujo sí optan por hacer ofertas o descuentos tratando de cuidar un aspecto fundamental para ellas, la notoriedad.

Cuadro 4.3. Matriz calidad-precio

Precio (+)

CUADRANTE 2 Alto precio Baja calidad	**CUADRANTE 3** Alto precio Alta calidad
CUADRANTE 1 Bajo precio Baja calidad	**CUADRANTE 4** Bajo precio Alta calidad

CUADRANTE 5
Precio medio
Calidad media

Calidad(-)   Calidad(+)

Precio (-)

A partir de estos dos posicionamientos (rango bajo y rango alto) podemos encontrar otros intermedios donde la idea es tratar de jugar con las «medias tintas», es decir: no somos los mejores ni los peores ni los más caros ni los más baratos. A muchos clientes les gusta elegir siempre la opción del medio porque les aporta sensación de seguridad. ¿Qué es lo mejor? Nunca se sabe. Son apuestas que hacen las empresas y donde hay un factor totalmente impredecible, el cliente, pues cada uno razona y escoge basándose en criterios individuales muy difíciles de predecir.

3. Fijación de precios basada en los costes

Todas las empresas deben hacer este ejercicio para analizar al detalle sus costes, saber cuáles son más fáciles o más difíciles de gestionar, conocer dónde recae su mayor peso y, finalmente, saber cuántas unidades debe vender para alcanzar el margen necesario que se ha marcado la organización como objetivo. Teóricamente es muy sencillo; la dificultad reside en llevarlo a la práctica. Repasemos ahora las fórmulas que determinarán esta simple ecuación:

Beneficio = Ventas – Costes

Si nuestro objetivo es hacer crecer el beneficio, tendremos que aumentar las ventas o disminuir los costes:

Ventas = Precio × Unidades

Se pueden incrementar las ventas de dos maneras: subiendo el precio de cada producto o vendiendo más. No hay más opciones. Podemos hacer combinaciones bajando un factor y subiendo otro, pero si deseamos tener más ventas, la subida de uno deberá ser mayor que la bajada de otro. Se trata de matemáticas simples. Pero hay que llevar a cabo esta subida o bajada de precios en función de un detallado análisis de costes y de los márgenes que planteamos como objetivo.

En el capítulo 3 hablamos de los costes y diferenciamos entre los variables y los fijos. Recordemos brevemente que los costes variables afectan directamente a las ventas y los fijos no. Esto es importante tenerlo en cuenta por razones de rigidez y beneficio, pues contar con una estructura de costes donde ponderan más los variables hace que la compañía posea una estructura más rígida, lo que implica menor capacidad de reacción y gestión ante situaciones donde se requiere eliminarlos. Es tentador porque habitualmente un mismo coste, si tiene el carácter de fijo, tiende a resultar más barato que el variable. Por eso es normal que muchas empresas cada vez se planteen variabilizar sus costes, lo que significa tender a subcontratar algunos que habitualmente son fijos, sacándolos así de la estructura de costes fijos. En estas situaciones los costes se encarecen a cambio de aumentar la capacidad de maniobra. Por ejemplo, en el proceso de variabilización estos costes podrían ser los siguientes:

- **Subcontratación de la limpieza.** El personal de limpieza de la empresa no pertenece a la plantilla, sino que se subcontrata a una compañía que ofrece este servicio. El coste se suele ampliar en el margen que incluye la empresa subcontratista y a cambio nuestro negocio puede cubrir picos o prescindir de servicios de manera inmediata.
- **Almacenamiento en la nube.** En la actualidad es poco habitual que las compañías compren servidores propios para sus copias de seguridad y almacenamiento de datos. Lo más frecuente es

contar con empresas como Google, Amazon, etc., para que presten este servicio en función de sus necesidades, sin sobredimensionamiento y con la facilidad de incrementar o reducir licencias de manera inmediata.

- **Actividades de *dropshipping*.** Muchos *e-commerce* se están convirtiendo en meros comercializadores de productos que rara vez tratan gracias al *dropshipping,* método en el que no es necesario que la tienda tenga los productos que vende en el almacén, sino que los compra a un tercero, y este proveedor lo envía a una empresa logística externa que se encarga de llevar al destino los productos en función de las órdenes que recibe de la empresa que lo ha contratado.

Volviendo al punto principal, conocer la estructura de costes que nos permita fijar precios, el ejercicio habitual consiste en detallar todos los costes que necesitamos para llevar a cabo nuestra actividad y luego clasificarlos en función de si son variables o fijos.

EJEMPLO DE FIJACIÓN DE PRECIOS PARA UNA AGENCIA DE MARKETING DIGITAL

Vamos a realizar un ejemplo de fijación de precios de un servicio de los más demandados en una agencia de marketing digital: una propuesta de servicios de SEO.

Para ello tenemos que detallar cada coste en concepto e importe y, sobre todo, ver cómo los imputaremos a la fijación de precios. Se trata de una relación de los costes, pero sin determinar si son fijos o variables para que puedas reflexionar sobre la estrategia que consideres más adecuada:

- **Personal.** Asignaremos el trabajo a una persona de nuestro equipo, que dedicará 40 h/mes. El coste por hora medio será de 10 €.

- **Seguridad Social.** Si tenemos el importe exacto, mucho mejor, pero si no es así, estimaremos que este coste será del 30 % del salario (estimación frecuentemente utilizada). El coste sería de 3 €/h.
- **Herramientas de SEO.** Tenemos una licencia de *software* de 2500 € y hay que imputar este coste al proyecto. Si el uso de la licencia corresponde a las 38 h/semana que trabajará el miembro de nuestro equipo en el proyecto, al año tendremos 1976 h potenciales de uso de la licencia, lo que supondrá que el coste de la licencia será de 1.26 €/h.
- **Alquiler de oficina.** Es de 2000 €/mes. Para dar servicio a los clientes tenemos a un equipo de diez personas trabajando a la vez, por lo que deberemos repartir este coste entre estas diez personas; es decir, cada persona soportará 200 €/mes. Si este coste mensual por persona lo dividimos entre la jornada de 38 h y cuatro semanas del mes, obtendremos un coste de 1.31 €/h.
- **Comunicaciones (móviles, wifi, centralita, etc.).** Tenemos que hacer el mismo cálculo que con el coste del alquiler de oficina. Pongamos que hemos contratado este servicio por 300 €/mes. Si lo dividimos entre las diez personas que trabajan a razón de 38 h/semana y cuatro semanas al mes, obtendremos un coste de 0.2 €/h.
- **Suministros (agua y electricidad).** Hacemos una estimación de 250 €/mes. Realizando la misma operación que en los dos ejemplos anteriores, tendríamos un coste de 0.16 €/h.
- **Seguros de responsabilidad civil.** Calculamos una prima de 400 €/año. Volvemos a imputar ese coste para diez trabajadores a razón de 38 h/semana y, en este caso, al ser una prima anual, dividimos entre 52 semanas. El coste del seguro será de 0.02 €/h.
- **Equipos informáticos.** La persona que se encargará de dar el servicio de SEO trabaja con un ordenador que ha costado 1000 €. Como los equipos tienen una vida útil estimada entre cuatro y cinco años, tendremos que repartir este importe en cada anualidad. Consideramos que utilizará ese ordenador durante cuatro años, por lo que el gasto anual será de 250 €. Si dividimos de nuevo este importe anual entre las 38 h/semana y las 52 semanas del año, el coste del ordenador será de 0.13 €/h.

Así habría que hacer con todos los gastos que necesitemos para proporcionar los servicios de SEO: personal de administración, personal de dirección, licencias de *software,* gastos derivados del cumplimiento de la protección de datos (LOPD), asesoría contable y fiscal, publicidad, costes comerciales y un buen número de gastos indispensables para llevar a cabo esa actividad.

Imaginemos que finalmente, con todos los gastos de la empresa y con la imputación que hemos decidido hacer, cada hora sale por un coste total de 28 €. Si vendiéramos el servicio a ese precio, estaríamos cubriendo los costes, pero no obteniendo beneficio por esta actividad. Como se trata de obtener cierto beneficio empresarial, tenemos que incluirlo en el precio que cobraremos al cliente. Por ejemplo, si queremos obtener un margen comercial del 50 % sobre los costes totales y los costes sin beneficio son de 28 €/h, exigiremos un margen de 14 €/h. Al sumar el coste y el margen, obtenemos el precio que propondremos a nuestro potencial cliente; es decir, el precio del servicio sería de 42 €/h. Como el servicio que nos pide necesita 40 h/mes, la propuesta que enviaremos a nuestro cliente será por unos honorarios de 1680 €/mes. Ese será el presupuesto total por los servicios de SEO de la agencia, al que hay que añadir los impuestos del país donde estemos ofreciéndolos. Para que todo este ejercicio tenga sentido, debemos cubrir todas las horas potenciales de servicio porque, si no lo conseguimos, no podremos cubrir los costes fijos de la empresa y, por tanto, el margen establecido no resultará suficiente para lograr beneficio empresarial.

CAPÍTULO 5

— • • —

INDICADORES, MÉTRICAS Y KPI

1. Bases estratégicas de una buena medición

En este capítulo vamos a trabajar uno de los aspectos básicos para medir con éxito una estrategia digital: conocer y aplicar las principales métricas y los indicadores clave de desempeño (*Key Performance Indicators* [KPI]) digitales en función del tipo de negocio *online (nos define el contexto digital competitivo)* que tengamos:

- Tienda *online* o *e-commerce* de venta de productos/servicios: generación de ingresos directos en la plataforma a un golpe de clic.
- *Marketplace* general o sectorial: portal donde se generan transacciones comerciales de productos o servicios entre un número de proveedores/marcas y un número de clientes en un ecosistema digital con condiciones específicas.

- *Sites* de empresas de servicios: generación de *leads* digitales, como páginas web de abogados, clínicas estéticas o dentales, agencias de marketing digital, inmobiliarias, cualquier tipo de blog, etc.
- *Apps* o plataformas de venta a través del dispositivo móvil.

A su vez, dentro de cada tipo de negocio, dividiremos en tres bloques estratégicos de análisis con sus correspondientes métricas y KPI:

1. **Optimización.** Es el proceso de mejora de las acciones encaminadas a trabajar la calidad del usuario web que corresponde a las dos primeras fases de cualquier estrategia digital que se precie: conocimiento de la marca *(awareness)* y consideración *(consideration)*.

   En estas fases el cliente potencial ya sabe cuál es su problema o necesidad y empieza a ver sus opciones para solucionarlo, y el conocimiento de marca debe ayudar a que nuestra solución sea la elegida.

2. **Conversión.** Se alinea con la fase estratégica digital denominada *acción de compra (action)*. Aquí tendremos en cuenta también métricas de fidelización o recompra de la fase de *advocacy*. Deberemos medir todo el proceso de compra y posventa *online*.

3. **Retorno.** Trabajaremos bajo el foco de la rentabilidad de todas las acciones lanzadas, analizando toda la inversión realizada versus las ventas totales generadas versus el margen de contribución.

Cuadro 5.1. Fases del proceso de compra y *funnel* de conversión

	PAID MEDIA						OWNED MEDIA						EARNED MEDIA		
	SEM	DISP	SM	Mob	@	Afil.	Blog	Web	RRSS	Mob	P. Vta	CAC	SEO	SM	BLOGGER
Awareness			X	X			X	X	X				X	X	X
Consideration	X	X	X	X			X	X	X	X	X	X	X	X	X
Action	X	X	X	X	X	X	X	X	X		X		X	X	
Advocacy			X		X		X		X	X			X	X	

Audience · Owned · Earned · Paid

http://tristanelosegui.com

En función del contexto en el que estamos operando, algunos KPI y métricas difieren. Estamos hablando de *e-commerce* o de tienda *online* versus web de venta de servicios o generación de *leads*. El *e-commerce* se caracteriza por el hecho de que el usuario a golpe de clic termina comprando el producto o servicio en la fase final del proceso. Todo el embudo de ventas ocurre dentro de la propia plataforma. Una web de servicios, a diferencia de los *e-commerce,* se caracteriza por el hecho de que el proceso final o conversión del usuario web consiste en ceder los datos comerciales, es decir, en generar una oportunidad de negocio real *(lead)*. En ese momento la marca debe activar otros canales o procesos para cualificar el *lead* e intentar cerrar una venta, desde estrategias de *email marketing* automatizadas o *call center* de cierre de ventas telefónico hasta estrategias de WhatsApp marketing.

2. Medida o indicador numérico, métrica, ratio y KPI

Una vez contextualizado el foco del análisis, el siguiente paso consiste en entender la diferencia entre medida o indicador numérico, métrica, ratio y KPI:

- **Medida o indicador numérico.** Es un dato numérico aislado, por ejemplo, 15 480 usuarios únicos. Este dato carece de valor real en una estrategia digital si no se aplica en el contexto concreto de una web de una marca.

- **Métrica.** Al añadir el contexto (entender ese dato e interrelacionarlo con el resto de los de la web), la medida se convierte en una métrica, es decir, en un dato válido de marketing digital para entender qué está pasando realmente en una web. Si retomamos el ejemplo anterior, podemos ver que el mismo dato en un contexto concreto aporta un alto valor. Por ejemplo: 15 480 usuarios únicos visitaron los productos de la marca en el mes actual, un 12 % más que el mes pasado, donde además el 25 % compraron al menos un producto. Por tanto, debemos escoger los datos *online* que se convierten en métricas relevantes para poder medir con éxito el impacto de todas las acciones lanzadas.

- **Ratio.** Es una métrica algo más compleja que involucra al menos a dos variables, métricas también, relacionándolas entre sí para dar un nuevo resultado. En economía se explicaría como la relación cuantitativa entre dos fenómenos que refleja una situación específica de rentabilidad, de nivel de inversión, de control de costes, etc. Suele tratarse de fórmulas matemáticas y, aunque la gran mayoría son financieras, también se extrapolan al marketing digital. Veamos un ejemplo de cómo calcular la tasa de conversión (*Conversion Rate* [CR]):

$$CR = (\text{Total de conversiones/Total de sesiones}) \times 100$$
$$(\text{para expresarlo porcentualmente})$$

Para una web de una agencia *real estate* que ha tenido 20 000 visitas el pasado mes y 125 *leads* generados de petición de información, la CR sería: (125/20 000) × 100 = 0.6 %. Así, la CR sería del 0.6 % o, lo que es lo mismo: el 0.6 % de las visitas se convierten en *leads*.

- **KPI.** Son siempre métricas, medibles y cuantificables, que determinan numéricamente una variable, como ingresos, gastos, número de visitas, etc. Los KPI están directamente relacionados con los objetivos marcados dentro de la estrategia o el plan de marketing anual. Un KPI siempre será una métrica, pero una métrica no será siempre un KPI.

El establecimiento de los KPI en una empresa suele derivar generalmente en un cuadro de mando *(balanced scorecard)*, herramienta que recoge los principales indicadores de marketing o de la compañía en el ámbito gerencial/de presidencia y posteriormente en relación al área de impacto: SEO, PPC, *email marketing, social media,* etc. Por tanto, es responsabilidad del profesional escoger de manera correcta las métricas que analizará y definir los KPI que le ayudarán a alcanzar los objetivos marcados.

En el último capítulo se muestran ejemplos detallados de diferentes cuadros de mando; en las siguientes páginas se explicarán en detalle los 26 KPI digitales imprescindibles que debes conocer y aplicar en tu estrategia digital para tener el control en la toma de decisiones de negocio.

3. KPI para medir la optimización

Los objetivos de esta fase de medición se alinean con impactar a las personas correctas en el momento apropiado para que la primera visita a la web de la marca sea lo más rentable posible para la estrategia digital tanto en el corto como en el medio y en el largo plazo. Es decir, se trata de optimizar las fases de conocimiento de marca y consideración.

Con los siguientes KPI tendrás el control de esta fase de optimización del tráfico digital.

Salud del sitio web *(site health)*

Este KPI, que analiza que el comportamiento del usuario *online* que visita nuestra página sea el esperado, resulta muy bueno para optimizar el tráfico de la web correlacionado con el usuario y la visita. Para ello hay que medir y relacionar las siguientes métricas:

- Total de sesiones y usuarios (nuevos y recurrentes).
- Páginas por sesión.
- Duración media de la sesión.
- Tiempo en la página.
- Tasa de rebote.

Estas métricas en conjunto nos indican si el usuario mostró interés en los contenidos de la página, cómo se movió por las diferentes URL, qué acción realizó o quiso realizar, etc.; en definitiva, nos informan sobre el nivel de navegabilidad. Normalmente se incluye en este KPI la velocidad de página (*Web Performance Indicator* [WPO]) tanto en el móvil como en el ordenador.

Cuadro 5.2. KPI *Site Health*. Extracto *data studio* de cliente

			Site Health				
Sesiones	Usuarios	Usuarios nuevos	% Rebote	D. media sesión	Páginas/Sesión	Transacciones	Tasa de conversión de comercio electrónico
13.440	10.946	10.370	55,42 %	00:01:53	2,03	132	0,98 %
↓ -48.7%	↓ -51.0%	↓ -50.0%	↓ -23.4%	↑ 84.2%	↓ -4.0%	↓ -44.3%	↑ 8.6%

La salud del sitio web se analiza globalmente (total de sesiones) y por tipo de canal para afinar más en el análisis y poder aplicar medidas correctoras. El objetivo es mantener un buen rendimiento en la web en cuanto a datos.

Por ejemplo, imagina un portal inmobiliario que comercializa nuevas promociones de vivienda en lugares de costa en el ámbito nacional. Aplica estrategias digitales de conocimiento de marca para asentarla y como base previa para impulsar la captación de nuevas oportunidades comerciales o de interesados en los pisos. La salud de la web con la que arranca en este escenario es la siguiente:

- Tasa de rebote: 78 %.
- Duración media: 00:00:25 s.

- Páginas vistas por sesión: 1.1.
- Total de usuarios: 1500 visitas, de las que 1400 son de nuevos usuarios y solamente 100 de recurrentes.
- WPO con *page insight* de Google, una herramienta gratuita que analiza la velocidad de carga de una web tanto en móvil como en portátil, dando una puntuación de 0 a 100: 26 en el móvil y 45 en el ordenador.

Imagina que además solo el SEO mejora estos datos y que el resto de los canales (directo, social, *publicidad pagada,* etc.) presentan datos mucho peores. ¿Cómo valorarías este escenario de arranque, como positivo, negativo o neutro? ¿Qué habría que cambiar en cuanto al marketing digital?, ¿Estarías cerca de los objetivos marcados de *awareness* y de optimización? La respuesta es no y explicamos el por qué. La alta tasa de rebote indica que el 78 % de los usuarios que visitan la web se marchan. Una buena tasa de rebote media rondaría entre el 30 % y el 50 %, aunque depende del tipo de negocio y sector. La duración media de la visita son 25 segundos, poco tiempo para que el visitante entienda el valor que la marca ofrece en los textos, imágenes, vídeos, etc. En este caso la media oscilaría entre 50 segundos y un minuto y medio. El dato de las páginas vistas por sesión, 1.1, es algo bajo también, habría que subirlo al menos a 2 páginas. Esta métrica indica el visitante de la web solo ve de media 1.1 páginas, es decir, hace un solo clic para moverse a otra URL diferente de la que llegó. La WPO también sale por debajo de 60, que sería un aprobado; en este caso lo ideal es que ronde el 80 %. En cuanto al ratio de nuevos usuarios y recurrentes no es preocupante en esta fase porque tratamos de impactar sobre todo en nuevos usuarios. En definitiva, estas métricas nos dan información clave sobre el comportamiento del usuario de nuestro sitio web, con mejores datos obtendremos mejores resultados.

Calidad básica del usuario

La calidad del usuario trata de medir si el visitante que termina aterrizando en la web merece la pena o no, tiene interés por la marca, los productos y servicios o el contenido o solo está de paso. Para ser más específicos, nos referimos a la calidad básica del usuario partiendo de la tipología y del perfil del usuario global de la web y por canal de tráfico.

Para analizar este KPI hay que complementar las variables que se van a analizar del salud del sitio web con métricas de comportamiento cualitativo, como las tasas de incursión o de *scroll*, el mapa de clics y la visualización de grabaciones de sesiones de usuarios filtradas según los objetivos marcados, por ejemplo, tráfico orgánico o de SEO (aquellas visitas que provienen de los buscadores de Internet) que ha estado más de 1 min en la web, que ha pasado por el producto y que ha visto más de dos páginas. No olvidemos que cada sesión (período de tiempo durante el cual los usuarios interactúan con la web) viene precedida de un trabajo del equipo de marketing digital, sea de pago, social u orgánico.

Para poder analizar bien este complejo KPI debemos armar una fórmula sencilla donde demos un valor a cada métrica, otorguemos un peso de importancia en porcentaje y ponderemos los resultados globalmente y por canal.

Por ejemplo: podemos tener una calidad de usuario global (el total de tráfico web) de 72 sobre 100, que sería muy buen ratio, pero en lo relativo al tráfico que se ha generado por publicidad de pago estar en un *rating* de 42, muy por debajo de lo esperado. Esto significa que las sesiones derivadas de las campañas de pago no son de la calidad óptima y están por debajo de la media de toda la web. Una herramienta que nos puede ayudar a analizar la calidad del usuario de manera automática y sin complicaciones en este punto gracias a su algoritmo autónomo es la plataforma Dropscore.

Análisis URL con más sesiones

Muestra el detalle de las páginas de entrada y de salida tanto en el ámbito global de la web como por canal de tráfico. Las páginas de entrada o URL de entrada son aquellas donde llegan los usuarios por primera vez, normalmente la *homepage* es la página que más visitas suele almacenar. Por ende, las páginas de salida son aquellas URL de salida donde los usuarios abandonan la web. Es importante conocer cuáles son las URL que van acumulando mayor número de sesiones y cuáles menos para entender qué atrae realmente al usuario de la marca o dónde estamos poniendo todo el peso de la estrategia. Igualmente debemos analizar de qué páginas o URL el usuario se marcha y por qué. Es fundamental relacionar esta métrica con otros KPI, como el de *site health* y calidad de usuario, para sacarle más partido y optimizar la experiencia del usuario en la web de la marca. Generar un tráfico de mejor calidad que aumente las conversiones.

Cuadro 5.3. Ejemplo de URL ordenadas por volumen de sesiones

Página	Sesiones ▾	% Rebote
1. /collections/cosmetica-mediterr...	6.399	54 %
2. /	2.790	35 %
3. /blogs/blog/por-que-un-hombre-...	2.106	68 %
4. /products/pack-los-rizos-tambie...	1.591	74 %
5. /products/champu-con-sal-h07	1.401	53 %
6. /products/cepillo-fingerbrush-nyl...	1.273	78 %
7. /products/pasador-glow	752	68 %
8. /products/cepillo-olivia-garden-fi...	642	52 %
9. /products/pasador-sun	474	64 %
10. /search?q=solidos*&type=product	473	72 %
11. /products/cepillo-olivia-garden-ib...	435	77 %
12. /products/cepillo-fingerbrush-co...	426	79 %
Total	**31.073**	**57 %**
	1 - 100 / 2032 ‹ ›	

Afinidad del usuario web versus *buyer* persona predefinido

Esta métrica y KPI es crítica en las fases de *awareness* y de *consideration* porque nos indica si estamos impactando realmente en las personas que hemos definido como *buyer* relevantes. Este es uno de los principales retos a los que se enfrentan las empresas:

71

conseguir impactar al *buyer* ideal, preciso y correcto que hemos perfilado y que visite nuestra web. Para extraer este KPI necesitamos, en primer lugar, armar un perfil lo más detallado posible de un usuario tipo (nuestro cliente ideal) con el que poder comparar las visitas que ya tiene la web; de esta manera sabremos si estamos impactando a las personas correctas o no. Para ello usaremos los datos sociodemográficos de Google Analytics, los datos de tráfico de las campañas de publicidad de pago o el tipo de contenidos que hay. También precisaremos el dato de las microconversiones, si las hubiera, y el de la calidad del usuario. De esta manera no solo analizaremos si el usuario que llega a la web es nuestro potencial cliente, sino que también entenderemos si es un usuario de calidad a nivel comportamiento y si genera algún tipo de acción, como por ejemplo que haga clic en una llamada a la acción o descargarse un informe. Es muy importante retroalimentar este KPI constantemente porque pueden estar llegando usuarios que no son potenciales *buyer* personas pero sí generan compras y, en este caso, si la tendencia se mantiene, hubiéramos detectado un nuevo comprador. También podemos estar impactando en el *buyer* correcto, pero si este no termina de comprar, esto nos indica que deberíamos mejorar la salud del sitio, la calidad del usuario y, por tanto, toda la experiencia digital global.

En muchas ocasiones el usuario de mayor calidad no suele ser el definido por la marca como el *buyer* persona ideal y por este motivo es necesario ir ajustando acciones y estrategias. Por ejemplo, si tenemos activas dos campañas de búsqueda en Google Ads que nos están generando un tráfico de calidad, pero cuyos usuarios no son similares al *buyer* persona de la marca tenemos dos decisiones que tomar: la primera opción consiste en mantener las campañas activas para ver si ese tráfico de calidad termina convirtiendo. Si fuera así tendríamos un nuevo comprador, pero si no convierte en el medio plazo tendríamos que rediseñar la segmentación de las campañas, el *copy* del anuncio y volver a lanzar las campañas para testar. La segunda opción sería afinar la definición del *buyer* persona con los datos recogidos del nuevo tráfico de calidad para afinar el *buyer* ideal en base al usuario real que termina comprando o convirtiendo.

En el siguiente gráfico podemos analizar, con los datos extraídos de Google Analytics y montados en un Data Studio, el perfil del usuario que visita la web, con el usuario que sí está generando una conversión. Si miramos con detalle observamos que hay variaciones significativas como por ejemplo que el 72.9 % de los usuarios que convierten son mujeres versus el 78.3 % del usuario que no convierte. O, por ejemplo, que de los usuarios que convierten, el 26 % son de Madrid y en el perfil de usuario que no convierte solo el 33 % es de Madrid. Esto se traduce en que en esta estrategia digital merecería la pena segmentar a mujeres de Madrid de 35 a 54 años que navegan en móvil porque es el perfil que más convierte. Estas conclusiones las compararíamos con el *buyer* persona marcado para ir definiéndolo aún más.

Cuadro 5.4. Detalle del perfil de usuario web versus perfil de usuario convertido

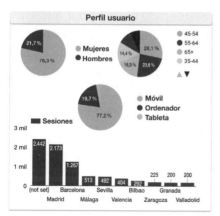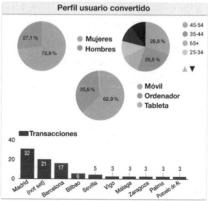

Alcance, impresiones e interacción

Son métricas que afectan sobre todo a los canales de SEO (que podemos obtener de herramientas como Google Search Console) y a la publicidad pagada o *paid media* (como Google Ads, Facebook o Instagram Ads). También se utilizan en web y en *email marketing*. Estas métricas miden la eficacia de las acciones realizadas en estos canales. Vamos a centrarnos en SEO y en *paid media*, pues ambos se basan en generar alcance o cobertura a base de impresiones (unas naturales y otras pagadas) para que el potencial usuario termine interesado en el contenido y haga clic. Son KPI claves en esta primera fase para estos dos canales.

El *alcance* o *cobertura,* como se denomina en publicidad tradicional, es una métrica que mide el número de personas únicas que ven nuestro contenido (una publicación, un anuncio, una búsqueda en Google, etc.) al menos una vez. Las impresiones indican el número total de veces que se muestra nuestro contenido o el número total de veces que las personas a las que hemos alcanzado podrían haberlo visto. La diferencia es sencilla: el alcance es el número de usuarios que ven nuestro contenido y las impresiones, el número de veces que lo ven.

La interacción suma todas las formas en las que el usuario al que hemos alcanzado interactúa con nuestra marca o nuestro negocio: las veces que hace clic en un enlace para navegar por nuestra web *(landing)* o, en el caso de las redes sociales, las veces que da a «Me gusta», «Compartir», etc. Este KPI que correlaciona estas tres métricas resulta clave para optimizar dónde estamos fallando o haciéndolo muy bien para potenciarlo.

Coste por clic (*Cost Per Click* [CPC])

Este ratio relaciona el total de clics con el coste invertido por la marca en medios pagados. Calcula lo que pagamos como anunciantes por cada clic que haga un usuario a nuestro enlace o anuncio. La fórmula es sencilla:

$$\text{CPC} = \text{Total de clics/Coste total}$$

Por ejemplo: si en una campaña de búsqueda de Google Ads (anuncios de texto que se muestran en los resultados de búsqueda y que permiten llegar a los usuarios mientras buscan en Google los productos y servicios que ofrecemos) nos hemos gastado 650 € en el primer mes y hemos generado 1200 clics, el CPC será: 650/1200 = 0,54 €. Es decir, cada clic del usuario *online* nos ha costado 0.54 €. ¿Te parece caro o barato? Dependerá del contexto, de la marca, del sector, del momento de la campaña, etc. Pero en principio se trata de un CPC óptimo para trabajar con él.

Por ejemplo: Para que tengas una referencia, una campaña de venta de un máster en marketing digital en el ámbito nacional en pleno mes de septiembre que pone en marcha una escuela de negocios puede rondar los 12-18 €/clic. Sin embargo, una campaña solo de la marca (solo pujamos cada vez que el usuario introduce el nombre exacto de la marca en el buscador) puede rondar desde los 0,01-0,06 €. Estos serían los dos extremos de campañas, una muy alto y otro muy bajo.

Tasa de clic (*Click Through Rate* [CTR])

Es otro ratio importante para optimizar y ser eficientes en las acciones digitales. La fórmula relaciona el total de clics con el total de impresiones, o sea: es el porcentaje de clics que recibe un anuncio o un enlace en relación a cuántas veces se muestra. El CTR resulta proporcional a la efectividad de las campañas: un CTR alto indica que la campaña está resultando positiva, pero si el CTR es bajo, puede haber problemas con ella y deberíamos revisarla. La fórmula es la siguiente:

CTR = (Total de clics/Total de impresiones) × 100

Si seguimos con el ejemplo anterior, si nuestro anuncio ha generado 1200 clics para un total de 95 000 impresiones, el CTR sería del 1.2 %: CTR = (1200/95 000) x 100 = 1.2 %. Un CTR que podemos considerar como positivo estaría por encima del 1 %. A partir de aquí variará en función del tipo de plataforma de pago (Google Ads, Facebook Ads...) y del tipo de campaña (búsqueda, *display*, remarketing...), en este caso debemos de trabajar con porcentajes que varían entre el 2 % y el 6 %.

Posición media o porcentaje de impresión

Es un KPI importante para entender dónde aparece posicionado nuestro contenido, sea pagado o natural (orgánico). Si hablamos de SEO, se corresponde con la posición media que ocupan en el buscador las palabras clave *(keywords)* o el contenido que estamos trabajando. Hay que tener en cuenta que, si no estamos en el *top* 10 de los resultados que arroja el buscador, «no existimos», y que si aparecemos entre los tres primeros resultados de la lista, podemos aumentar el tráfico generado hasta el 300 %.

Sin duda se trata de una métrica muy relevante para el SEO y para el nivel de rentabilidad en las campañas de pago. Nuestro objetivo a nivel campañas de pago debe ser aparecer más veces en las primeras posiciones en las búsquedas de pago con respecto a nuestros principales competidores hasta encontrar la posición media más competitiva, aquella que nos genere un CTR más alto y mejores conversiones.

4. KPI para medir la conversión

Conseguir la conversión de un usuario significa que realice la acción específica que queremos: hacer clic en un enlace, realizar una compra, rellenar un formulario, descargarse un archivo, registrarse, etc.

Los objetivos de esta fase de medición se alinean con alcanzar los objetivos de conversión, macro y micro, de la marca. Hay que lograr estas acciones, pero siempre bajo la lupa de la rentabilidad (aumentar los ingresos y reducir los costes), tanto en el corto como en el medio y en el largo plazo.

Total de conversiones por canal

Es una métrica global para entender el impacto real de las acciones en los objetivos de conversión alcanzados. Las conversiones principales o macroconversiones que pretendemos alcanzar son las transacciones/ventas o los contactos/*leads,* mientras que las microconversiones se refieren a pequeñas acciones del usuario que ayudan a generar una macroconversión: clics en un botón, hacer *scroll,* clics en una llamada a la acción (*Call To Action* [CTA]), ver un vídeo, etc. Así:

**Total de conversiones = Total de macroconversiones +
Total de microconversiones en un período determinado**

En este ejemplo podemos apreciar los objetivos alcanzados de este reconocido blog, laculturadelmarketing.com, en el período de un mes: 30 formularios de petición de servicios y 16 formularios de *e-learning* (un 20 % de formularios respecto al mes anterior, 128 formularios de contacto y 920 formularios de suscripción a la newsletter. En este sentido las macroconversiones serían los 46 formularios de servicios, que son los que generan venta, y las microconversiones serían las altas o suscripción y los formularios de contacto.

Cuadro 5.5. Detalle total de conversiones laculturadelmarketing.com

Form. contacto	Suscripción *newsletter*	Formulario *Free Trial*
128	**920**	**30**
↓ -23.8%	0	0

Formulario *e-learning*	Tasa de conversión del objetivo
16	**12 %**
0	↑ 2,870.7%

En esta métrica merece la pena hablar también de las conversiones asistidas, es decir, las conversiones generadas con el apoyo de otros canales. Un ejemplo claro consiste en las que se producen con las campañas de Facebook de pequeñas y medianas empresas, que suelen generar muy bajas ventas y conversiones, pues los usuarios ven los anuncios, pero no realizan la compra en esa visita. Sin embargo, luego buscan en Google lo que vieron en la red social y finalizan la compra, por ejemplo, por SEO. En este caso, si el modelo de atribución es el estándar o el que viene por defecto (último clic o *last clic*), la compra final se asigna al canal SEO, pero la asistida sería de Facebook.

Es decisión del profesional dar un criterio a este tipo de asignaciones y diseñar un modelo de atribución personalizado, para lo que hay que analizar y entender cómo suceden y por qué las conversiones en nuestro negocio.

Tasa de conversión (*Conversion Rate* [CR])

La CR indica la cantidad de usuarios web que han llevado a cabo una acción específica. Correlaciona el total de conversiones con el total de usuarios web para medir la eficacia y eficiencia de las acciones digitales. La fórmula es:

CR = (Total de conversiones/Total de visitas web) × 100

Por ejemplo: un *e-commerce* con 150 000 visitas y 1500 conversiones tiene una CR global de 1: CR = (1500/150 000) × 100 = 1. Esto quiere decir que el 1 % del total de visitas recibidas en un período de tiempo determinado terminan convirtiendo. En este caso, al ser un *e-commerce,* el 1 % de las visitas terminan realizando una transacción o venta. Las 1500 conversiones son transacciones, un porcentaje normal en este tipo de negocio digital. En general, un *e-commerce* que lleva entre 1 y 5 años debe alcanzar una tasa de conversión del 1 % al 2 %; uno más maduro, de aproximadamente 5 años y una facturación anual por encima de los 600 000 euros anuales debería optimizar esta cifra del 2 % al 3.5 %.

Debemos aplicar la CR a cada canal de tráfico web en el que estemos haciendo palanca para entender su impacto real. Por ejemplo, una tienda *online* de juguetes en plena campaña de navidad donde el 40 % de sus ventas se generan de las campañas de publicidad pagada en Google Ads e Instagram Ads debería filtrar el total de conversiones directas por estos dos canales. Imaginemos que son 400 conversiones por Google Ads y 150 por Instagram Ads. Ese total de conversiones debe dividirlo por el total de visitas de cada canal,

9500 en el caso de Google Ads y 12 450 visitas en Instagram Ads, para obtener la tasa de conversión específica del canal.

CR Google Ads: (400/9500) x 100 = 4.5 %
CR Instagram Ads: (150/12 450) x 100 = 1.2 %

Teniendo en cuenta ambos resultados habría que hacer un seguimiento mensual para comparar la evolución y poder optimizar la CR de manera profesional.

Total de transacciones (unidades vendidas)

Una transacción se considera siempre una conversión, pero no todas las conversiones que se miden son transacciones. Cuando nos referimos al concepto de transacción debemos entenderlo como un pedido de venta cobrado que incluye unidades vendidas. Por ejemplo, un visitante puede llegar a un *e-commerce* de zapatillas deportivas y realizar un único pedido que contenga 3 pares de zapatillas, un par de hombre, otro de mujer y otro de niño, por un importe final de 160 euros; en este caso se contabilizaría como una conversión, y como una transacción por valor de 160 euros con 3 unidades vendidas. Las transacciones son conversiones únicas que significan un ingreso directo, por ello conviene analizarlas de forma independiente.

La fórmula es la siguiente:

Total de transacciones = Suma de todas las transacciones

Esta métrica sencilla de contabilizar y de trabajar puesto que se correlaciona con el total de conversiones, el total de sesiones y la tasa de conversión. Por ejemplo, podemos cruzar el total de transacciones con el total de conversiones para ver el peso porcentual de las transacciones en el total de conversiones. Si la plataforma web ha generado en el último mes un total de 500 conversiones, de las que 200 han sido *leads* comerciales, 100 han sido personas suscritas al blog, y 200 han sido transacciones, aplicamos la formula: (200/500) x 100 = 40 %. Esto significa que el 40 % de las conversiones totales realizadas en el sitio web han sido pedidos de venta. El objetivo para el mes siguiente podría ser subir ese ratio al 45 %. También podemos comparar las transacciones con el total de sesiones para entender cuántos de los visitantes convierten y cuántos compran. Siguiendo con el mismo ejemplo, si esas 500 conversiones han venido derivadas de 16 500 visitas mensuales, podríamos afirmar que el 3 % del total de visitas del sitio web han convertido, de las cuales el 40 % han sido transacciones o, dicho de otra manera, que el 1.2 1% del total de visitantes han terminado comprando.

Ingreso medio por conversión y total de ventas

El ingreso medio generado por una conversión es otra sencilla métrica que debemos manejar frecuentemente, cuya fórmula es:

**Ingreso medio por conversión =
Total de ventas/Total de conversiones**

**Total de ventas = Suma de todas las ventas digitales
en un período determinado**

Por ejemplo, si tenemos una tienda *gourmet* de aceite de oliva virgen extra que ha vendido 8500 € este mes y ha generado 25 conversiones, el ingreso medio por conversión será de 340 €. El total medio por conversión es: 8500/25 = 340 €, un ingreso medio alto.

La misión del profesional del marketing digital es optimizar al máximo el ingreso medio por conversión (incrementar el pedido medio) hasta encontrar un punto altamente competitivo.

Coste de adquisición (*Cost Per Action* [CPA])

Se trata de un KPI clave para analizar la rentabilidad de toda la inversión *online* de la marca. Indica cuánto nos está costando captar un nuevo cliente. La fórmula es:

CPA = Total de coste/ Total de conversiones

Si continuamos con el ejemplo de la tienda *gourmet* de aceite con 8500 € de ingresos, 25 conversiones y donde la inversión publicitaria en la campaña ha sido de 3500 €, el CPA se calcularía del siguiente modo: 25/3500 = 140 €.

Si cada conversión nos está dejando un ingreso medio de 340 € frente a un CPA de 140 €, ¿es rentable? *A priori* podría parecer que sí porque el margen de conversión o contribución es de 200 €, pero todo dependerá de factores como el coste neto del producto, el PVP fijado (si es fijo o variable), el margen de contribución por producto o la correcta imputación de todos los costes directos e indirectos por producto vendido para entender cuánto gana realmente la marca de esos 200 € de margen. Imaginemos que los costes fijos imputados son 100 €, que incluyen salarios del personal, alquiler, logística, compra, almacenaje, luz, etc. En este caso la marca estaría ganando la resta de la suma de costes fijos (100 €) y variables (140 €) menos el PVP (340 €). La fórmula sería: 340 - (140 + 100) = 100 €

El objetivo del profesional del marketing digital es optimizar al máximo también el CPA, reducir todo lo posible este gasto hasta encontrar una cifra rentable, y convertirlo en altamente competitivo.

Coste por *lead* (*Cost Per Lead* [CPL])

Se trata del mismo concepto que el CPA pero aplicado a un contacto generado o *lead*. Indica cuánto está costando captar prospectos, pero aún no cualificados. Por tanto, hay que aplicar esta métrica sobre el total de *leads* generados y sobre el total de *leads* generados y cualificados. Por *cualificación* entendemos como mínimo que el contacto sea real y que tenga interés en los productos y servicios de la marca. Esta es la fórmula:

CPL = Total de coste/ Total de *leads* generados

Por ejemplo: una marca que vende servicios de animación 3D para el sector farmacéutico ha tenido en el período analizado 6500 visitas, de las que han convertido diez visitas en *leads* con acciones digitales que han supuesto un desembolso de 15 000 € en una campaña B2B de LinkedIn. El cálculo del CPL sería el siguiente: (10/15 000) = 1500 €.

Si el ingreso medio por pedido es de 3400 € (el total de ingresos ha sido de 6800 euros en 2 pedidos) y el CPL es de 1500 €, ¿se considera rentable? *A priori* sí, pero sería muy justo porque nos está dejando un margen de beneficio de 1900 € (3400 € − 1500 € = 1900 €; sería necesario calcular el CPL cualificado. Suponemos que tenemos de los diez *leads* solo dos válidos, con lo que el CPL cualificado sería de 7500 € (2/15 000=7500). En este caso, el CPL ya no resultaría rentable pues la marca perdería dinero en cada *lead* cerrado al tener un ingreso medio de 3400 € por pedido y costarle el *lead* cualificado 7500 €. La marca en este caso debería reducir el CPL por lo menos un 60 % reduciendo la inversión, microsegmentando mejor la campaña para aumentar los lead cualificados, etc., aumentar el ingreso medio por pedido focalizando las acciones a los productos con mayor precio y margen, y trabajar la recompra del *lead* cualificado, ese *lead* que ha costado conseguir que vuelva a comprar en un período de tiempo determinado.

Afinidad del visitante web versus *buyer* persona predefinido versus visitante convertido

Es necesario entender y controlar esta ecuación para afinar los *buyer* persona lo máximo posible y entender cuál es nuestro cliente real. Para ello hay que establecer una relación entre el visitante que llega a la web, el visitante que convierte y el *buyer* persona que hemos predefinido como marca. Este análisis debe realizarse globalmente y por canal de adquisición, ya que muchas veces los usuarios se comportan de manera diferente en función del tipo de canal. Las marcas suelen tener muy claro quién es su cliente ideal: datos sociodemográficos, nivel de vida, gasto medio, gustos, consumo de productos o servicios de la marca, retos, aficiones, etc., este perfil definido hay que compararlo con el visitante real de la web y con el visitante de la web que termina finalmente convirtiendo, para ir afinando tanto las acciones como el propio *buyer* persona en un proceso de retroalimentación continuado. Imaginemos que el equipo de marketing digital de una marca de cosmética natural sostenible define su *buyer* persona ideal como mujer de 30 a 40 años, de clase social media o media-alta, ejecutiva y en mandos directivos, sin hijos, que vive en las principales ciudades y preocupada por la sostenibilidad; el perfil medio del total de visitantes a la web son mujeres de 25 a 35 años, de clase social media o media-baja, que vive en núcleos poblacionales de más de 200 000 habitantes, con pareja e hijos; y el visitante que termina convirtiendo es mujer de 40 a 50 años, de clase media, con hijos y en mando intermedio. ¿Qué tendría que hacer la marca? En principio, lo correcto es adaptar su *buyer* persona al perfil de visitante que está comprando, volver a medir y volver a comparar para volver a ajustar, siempre que las ventas vayan creciendo y sean relevantes en el mix de ingresos. De lo contrario tendrían que analizar las acciones digitales realizadas para afinar en la segmentación marcada al no estar impactando al 100 % en el perfil de *buyer* ideal. Este KPI bien trabajado va a mejorar la calidad del usuario web y va a aumentar la conversiones en el medio plazo.

Análisis URL con más sesiones (páginas de entrada y de salida) versus más conversiones

Este KPI da un paso más en el análisis de las rutas de conversión del visitante web (el camino que realiza el visitante digital desde que llega a una web o a una URL concreta hasta que termina generando una conversión) al cruzar las URL con más visitas frente a las URL que más conversiones están generando. El visitante que llega a una web lo hace a una URL concreta dentro del site, por ejemplo, si la marca te impacta con una publicación en su perfil de Instagram, una *storie* de marca con un enlace a un artículo del blog que habla sobre economía azul, te está dirigiendo a esa URL concreta. Es importante con Google Analytics extraer un listado con las URL con más visitas ordenadas por volumen de mayor a menor para entender dónde están aterrizando los visitantes del site y cómo están navegando por el mismo. La manera de navegar es haciendo clic en enlaces y pasando de una URL a otra. Una vez extraído este dato podemos analizar de esas URL ordenadas por total de visitas cuáles han terminado generando conversiones. Esas URL son las primeras que debemos optimizar.

Si queremos más nivel de detalle podemos cruzar el dato de las URL con más visitas y que han generado más conversiones con mapas de calor, mapa de *scroll* y grabaciones de sesiones para entender mejor cómo se comporta el visitante, detectar mejoras y poder aplicarlas, optimizando la experiencia de usuario final. Con herramientas como HotJar, Yandex y el propio Google Analytics podemos analizar el comportamiento del visitante web de manera más cualitativa, desde dónde hacen clic, cómo se mueven por la página o visualizar en un vídeo los movimientos del visitante con el cursor en el caso de portátiles y con el dedo en el caso de móviles. De este modo podremos detectar mejoras que ayuden a convertir más, como por ejemplo un *slider* donde el usuario no clica, un CTA con baja tasa de conversión o un formulario que está tan abajo en la página que los visitantes no llegan haciendo *scroll*.

Calidad avanzada del usuario

Este KPI lo trabajamos en la fase de optimización, entrecruzando variables de comportamiento de usuario cuantitativas (tiempo en páginas, páginas vistas, tasa de incursión...) con las variables más cualitativas (mapas de calor, mapa de *scroll*, grabaciones de sesiones...) para disgregar el tráfico de calidad del tráfico de no calidad y así poder afinar todas las acciones lanzadas en todos los canales digitales, buscando siempre un tráfico de calidad determinado. En esta fase de conversión es necesario añadir a la fórmula las conversiones totales desde el punto de vista de los visitantes que han convertido. De esta manera el análisis de calidad del usuario queda completo, pues la conversión será el factor determinante para afinar el nivel de calidad del tráfico web.

Por ejemplo: Imagina que el tráfico SEO de un portal de una cadena de gimnasios con más de 120 centros repartidos por todo el territorio nacional se distribuye de estas dos maneras o escenarios distintos:

A. 12 500 sesiones, 1000 conversiones, nivel de calidad de 60.
B. 12 500 sesiones, 150 conversiones, nivel de calidad de 45.

¿Cuál es la opción más interesante? La opción A parte de un CR de 8 % (CR: (1000/12 500) x 100 = 8) y la opción B parte de un CR de 1.2 % (CR: (150/12500) x 100 = 1.2). La opción A es la más optimizada porque tiene una tasa de conversión de 8 % y un nivel de calidad de usuario mucho mayor. Solo faltaría tener los datos del VMP para tener la decisión totalmente clara.

No hay mayor factor de calidad que la conversión bien realizada de acuerdo con los objetivos digitales y realizada por el *buyer* persona correcto. Después lanzaremos este análisis en cuanto al total de tráfico y por todos los canales digitales.

5. KPI para medir el retorno

El objetivo de esta fase de medición consiste en que todas las acciones digitales de la marca sean lo más rentables posible tanto en el corto como en el medio y en el largo plazo.

Ingreso medio por producto (VMP)

Es un KPI fundamental para cualquier *e-commerce*. Da el valor medio (en euros) de cada pedido generado en la web, un factor que afecta directamente a la rentabilidad, pues si aumentamos el VMP y reducimos costes, incrementamos la rentabilidad global. Esta es la fórmula:

VMP = Total de ventas/Total de productos vendidos

Por ejemplo: la tienda *online* de una parafarmacia ha vendido 150 productos en los últimos 15 días. Estas ventas han supuesto un ingreso de 30 000 € y un VMP de 200 € (VPM = 30 000/150), un valor alto de pedido para un negocio con más de 60 000 referencias, sobre todo teniendo en cuenta que el VMP de su sector ronda los 100 €. De hecho, esta marca partía de un VMP de 89 € y un nivel de calidad de usuario web por debajo de 50. Después de más de 8 meses optimizando este ratio, la marca obtuvo una mejora de más del 124 %.

Ticket medio o cesta media

Constituye otro KPI clave para una tienda *online*. A diferencia del VMP, se calcula dividiendo el total de ventas por el total de tickets vendidos. La fórmula es:

Ticket medio = Total de ventas/Total de tickets vendidos

Un ticket puede contener un producto o seis. Por ejemplo: si seguimos con el caso anterior, imagina que para unas ventas de 30 000 € se han generado 93 tickets o pedidos. El resultado es 30 000/93 = 322.5 €. En este caso esta tienda *online* tendría un VMP de 200 € y un ticket medio de 322.5 €. EL VMP toma como referencia las ventas totales de un cliente y el ticket medio parte del total de tickets. No podemos olvidar que un mismo cliente en un mismo período de tiempo puede generar varios tickets de importes diferentes con un ticket medio y un VMP diferente.

Tasa de retención

Es fundamental para medir el grado de fidelización de un cliente. Este ratio correlaciona el número de veces que un usuario compra con el total de clientes, de esta manera sabremos de toda la cartera de clientes cuántos clientes de media repiten, al menos, en una compra más. En otras palabras, mide el porcentaje de clientes actuales que han vuelto a comprar. Esta es la fórmula:

**Tasa de retención = N.º de clientes habituales/
N.º de clientes totales**

Por ejemplo: imagina una web de servicios, en este caso una clínica odontológica con pacientes *online* (*leads* generados vía cita *online*) y una cartera de clientes en los últimos 12 meses de 300 en total, de los cuales 75 son habituales o recurrentes (han pagado diferentes tratamientos). La tasa de retención sería: 75/300 = 25 %, una cifra estándar que habría que mejorar. Es óptimo trabajar con tasas de retención de al menos el 40 %.

Rentabilidad por cliente

Fundamental para cualquier negocio *online* u *offline,* informa sobre el beneficio real que la empresa está obteniendo con todos los esfuerzos realizados: comerciales, de marketing y de personal sobre cada cliente captado. Un cliente rentable es aquel con el que se obtiene un flujo de ingresos superior al de costes. Se puede calcular este ratio cliente a cliente y después establecer un *ranking* que permita segmentarlos basándose en este KPI.

El indicador de medición de la rentabilidad de un cliente en un período concreto es el *Customer Profitability Score* (CPS), que se calcula restando a los ingresos generados por un cliente los gastos derivados de ese cliente en un período de tiempo determinado. Esta es la fórmula:

CPS = Total de ingresos − Total de gastos/Total de gastos

Por ejemplo: piensa en una aplicación de venta de ropa de segunda mano cuyo ingreso medio por cliente es de 35 € y los costes derivados por cada uno de ellos es de 12 €. El CPS sería 35-12/12= 1.91 €. Esta marca estaría obteniendo un beneficio medio por cliente generado de 1.91 €. Todos los clientes que estén por debajo de 1 € no son rentables y están suponiendo un coste a la marca. Para este tipo de cliente hay dos opciones: aplicar estrategias de recompra para incrementar el VMP o no impactar en ese tipo de perfil porque son clientes no interesantes.

Nivel de satisfacción (*Net Promoter Score* [NPS])

Este sistema de medición nos proporciona un indicador para poder medir la satisfacción del cliente y su lealtad a la marca mediante una sencilla pregunta al cliente: ¿qué posibilidades hay de que recomiende a un amigo o conocido nuestra marca? La respuesta se mide en una escala del 0 al 10, en la que 0 es «nada probable» y 10, «totalmente probable». Según la respuesta, se segmenta a los usuarios en tres categorías:

1. **Promotores:** puntúan con 9 y 10.
2. **Pasivos:** puntúan con 7 y 8.
3. **Detractores:** puntúan con 6 o menos; incluso pueden dejar comentarios muy negativos hacia la marca.

El NPS se calcula de la siguiente manera:

NPS = % de promotores – % de detractores

Lo vemos de manera gráfica en el siguiente cuadro:

Cuadro 5.6. *Net Promoter Score* por Trustmary

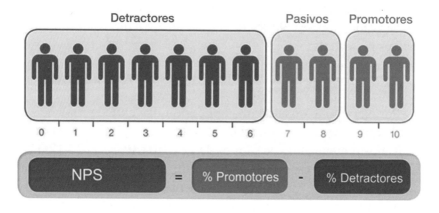

Fuente: trustmary.com

El resultado de este cálculo oscila entre −100 y 100 puntos: si es positivo, significa que el cliente tiene un nivel aceptable de fidelidad y lealtad a la marca; si es mayor de 50 puntos, se considera muy bueno o excelente. Por ejemplo, imagina que como marca hemos generado en el último mes 100 clientes a los que les hemos formulado la pregunta del NPS con el siguiente resultado: 60 promotores (60/100 x 100), 20 pasivos (20/100 x 100) y 10 detractores (10/100 x 100); el NPS sería de 50 al aplicar la fórmula: 60 % - 10 % = 50 %.

Esta segmentación inicial nos ayuda a la hora de diseñar y planificar las acciones de fidelización poniendo en gran valor a los promotores con acciones del tipo *Member Get Member* (MGM), que tratan de alentar a que un cliente atraiga a otros nuevos por recomendación directa obteniendo una compensación a cambio. Así trabajamos los pasivos o conocemos el motivo real de la queja de los detractores, que suelen ser muy reacios a cambiar de opinión.

Tasa de retención (*Customer Retention Rate* [CRR])

Define la capacidad de una compañía para fidelizar a los usuarios durante un tiempo determinado. Indica el índice de clientes fidelizados sobre el total de la base de clientes en un período de 6, 9 o 12 meses. La fórmula es sencilla:

$$\text{CRR} = ((\text{CS-CN})/\text{CE}) \times 100$$

CS: número de clientes al final del período.
CN: número de clientes nuevos adquiridos durante el período.
CE: número de clientes al comienzo del período.

Se recomienda medir la CRR mensualmente y de manera acumulada durante todo el año natural.

Por ejemplo: una tienda *online* de venta de juguetes ecológicos creada hace dos años necesita dar un paso profesional y para ello empieza a monitorizar y medir su negocio digital. Recopila los siguientes datos: tenía al final del período 155 (CS), adquirió

25 (CN) y terminó con 180 (CE). Aplicando la fórmula vemos que su ratio de retención o el porcentaje de clientes que seguirán confiando en la marca es del 72.22 %: CRR = ((155 − 25)/180) x100 = 72.22 %.

Es importante extraer este dato de manera periódica para comparar y tener un histórico que nos permita entender el dato y poder tomar decisiones al respecto.

Valor de tiempo de vida del cliente (*Customer LifeTime Value* [CLTV])

Esta métrica se refiere a la predicción de la rentabilidad de un cliente a lo largo del tiempo. Indica los ingresos totales que obtenemos de un solo cliente teniendo en cuenta el importe medio de una compra y el número de compras que realiza a lo largo del tiempo.

Esta es la fórmula básica, pero podemos complicarla añadiendo datos más cualitativos, como NPS, incidencias realizadas, costes de captación o de gestión, etc., para obtener la rentabilidad real por cada cliente individual. La fórmula es la siguiente:

CLTV = (Valor medio de compra del cliente x tasa de reventa) x (Duración de vida del cliente) − Costes de adquisición del cliente

De esta manera podremos catalogar a los clientes en cuatro categorías principales como se aprecia en la matriz de la siguiente página:

Cuadro 5.7. Matriz Customer Lifetime Value

Tiempo medio desde el último gasto

Clientes VIP

Clientes oportunidad

Valor de la vida del cliente

Valor medio del tiempo de vida del cliente

Nuevos clientes

Clientes inactivos

Tiempo desde el último gasto

Fuente: Elaboración propia basada en https://www.antevenio.com/blog/2018/12/lifetime-value/

Los clientes VIP son los más rentables y hay que mantenerlos en la cartera; los clientes oportunidad son una oportunidad para crecer por lo que hay que trabajar estrategias de recompra para este nicho; los *nuevos clientes* son los que están por desarrollar a nivel rentabilidad y hay que analizar hacia qué otro cuadrante saltan, y los inactivos son clientes no relevantes que a priori habría que dejar que se marcharan o intentar reactivarlos por última vez para descartarlos de manera definitiva. Con esta segmentación de rentabilidad podemos diseñar las acciones de marketing en función del tipo de perfil.

Por ejemplo: tenemos un cliente tipo A y otro tipo B. El cliente A en un período de 12 meses ha realizado compras por valor de 5500 € en siete pedidos, con un CPA de 250 €. Las compras del cliente B son de 3800 € en dos pedidos, con un CPA de 55 € en 12 meses. ¿Quién es más rentable? Apliquemos la fórmula:

Cliente A:
Valor de compra medio: 5500/7 = 785 €
Duración de vida del cliente: 1 (un año)
Tasa de recompra: 7/12 = 0.58
CLTV = (785 × 0.58) × 1 − 250 = 205.30 €

Cliente B:
Valor de compra medio: 3800/2 = 1900 €
Duración de vida del cliente: 1 (un año)
Tasa de recompra: 5/12 = 0.42
CLTV: (1900 × 0.42) × 1 − 55 = 743 €

Si tomáramos una decisión con los datos generales sin aplicar la fórmula del CLTV, a priori el cliente A ha generado más ingresos totales (5500) y más recurrencia de compra (7 pedidos) con un mayor nivel de CPA (250). Sin embargo, el cliente B ha generado menores ventas totales que el cliente A (3800), menor recurrencia de compra (2 pedidos) y un menor CPA (55). Si aplicamos el CLTV el cliente A se ubicaría dentro de la matriz en clientes oportunidad, un cliente maduro a mantener y una oportunidad para seguir trabajando su rentabilidad, en este caso reducir el CPA. Por el contrario, el cliente B entraría en la zona de clientes VIP o clientes rentables, por tanto, las acciones serían mantener y no perder. Ahora traslademos esto a una marca con 250 clientes mensuales para entender como el CLTV nos va a ayudar a segmentar y agrupar clientes en función del ciclo de vida y cómo aplicar estrategias de retención, marketing y comerciales de manera eficiente.

Tasa de abandono de clientes (*Customer Churn Rate* [CCR])

Calcula directamente el porcentaje de clientes que han dejado de interactuar con la empresa durante un período de tiempo determinado para saber en qué punto se están generando las pérdidas y, si la tasa es muy alta, para revisar la estrategia y cambiar de táctica. Es un KPI de negocio y rentabilidad clave porque no olvidemos la máxima que afirma que cuesta más adquirir nuevos clientes que retener a los ya existentes. La fórmula es la siguiente:

CCR = (Clientes que cancelaron el servicio durante el mes)/ Clientes al inicio del mes × 100

Por ejemplo: imagina una empresa de venta de césped artificial *online* cuyo cliente final son empresas. El mes arranca con una cartera de 550 clientes, pero se cierra con 530 clientes y 50 nuevos. Con estos datos, la CCR es la siguiente:

CRR = ((550 − 530)/550) × 100 = 3.63 %

¿Una CCR del 3.63 % se considera buena o mala? Dependerá del tipo de negocio *online,* de la recurrencia de compra y del volumen de ventas de la compañía, pero a priori es una tasa de churn baja y óptima. Por ejemplo, para una consultora de servicios mensuales que cobra un *fee* cada mes sería alto si este ratio se mantuviera todos los meses, ya que significaría que cada mes van perdiendo el 3.63 % de sus clientes recurrentes. Sin embargo, para una macroweb de venta *online* con cientos de miles de visitas mensuales y miles de ventas resultaría un dato muy bueno, pues en este caso por el tipo de negocio y el comportamiento de compra del usuario *online* que cada mes solo el 3.63 % no compre, es un ratio bajo y optimizado, aunque habría que controlarlo y mantenerlo.

Tasa de devolución de productos

Es la proporción de las unidades totales vendidas que se han devuelto. Este KPI solo se aplica para tiendas *online* o servicios mensuales recurrentes (por ejemplo, una suscripción a una plataforma). Es un ratio importante que hay que tener controlado porque afecta directamente a los costes y a la satisfacción del cliente. La fórmula de esta tasa es la siguiente:

**Tasa de devolución = (Unidades totales devueltas/
N.º total de unidades vendidas) x 100**

Por ejemplo: imagina una tienda *online* de venta de bolsos que en la recta final del año con el *Black Friday* y la campaña de navidades hace el 45 % de las ventas totales. Este año quieren afinar las estrategias digitales y para ello comparan entre otros KPI la tasa de devolución del mes de noviembre y diciembre del año anterior con estos datos.

Noviembre:
Total de unidades vendidas: 1250
Total de unidades devueltas: 100
Tasa de devolución: (150/1250) x 100 = 12 %

Diciembre:
Total de unidades vendidas: 1850
Total de unidades devueltas: 250
Tasa de devolución: (450/1850) x 100 = 24 %

En este caso se aprecia claramente como de noviembre a diciembre se ha duplicado la tasa de devoluciones, del 12 % al 24 %, algo normal en esas fechas, en las que se terminan devolviendo muchos regalos. Pero, ¿es una buena tasa? En este caso la de noviembre es muy buena y la de diciembre está en la media del sector. La media acumulada de ambos meses, noviembre y diciembre, sigue siendo óptima (12+24/2 = 18). Actualmente las tasas medias de devoluciones en el sector *e-commerce* rondan el 20 %, y si nos vamos al sector moda ronda el 30 %.

Período medio de cobro (PMC)

Es un ratio que el profesional del marketing no suele mirar pero que debe conocer porque indica el tiempo medio que el cliente tarda en pagar; es decir, los días que por término medio tarda la empresa en cobrar a sus clientes. En negocios *online* y B2B representa un factor clave y ayuda a entender el impacto real en la cuenta de resultados y en la tesorería de los servicios y productos vendidos. La fórmula es la siguiente:

PMC = (Saldo medio clientes /Ingresos anuales) × 365 días

Para afinarla aún más lo ideal es coger el saldo medio de dos años consecutivos y sacar la media para aplicar en la fórmula (sumamos ambas cifras y dividimos entre 2).

Por ejemplo: Imagina una empresa de venta de soluciones de *software* con un saldo medio clientes a final del ejercicio de 2020 de 90 000 €, de 95 000 € en 2021 y con unas ventas anuales de 52 000 €. La fórmula se aplicaría de la siguiente forma:

Saldo medio: (90 000+95 000)/2= 92 500 €
PMC = (92 500/520 000) x 365= 65 días

Esto se traduciría en que, de media, están cobrando de su cartera de clientes a 65 días, es decir, la marca financia a sus clientes más de dos meses.

El PMC se contextualiza y se entiende mejor con los KPIS que veremos en el siguiente capítulo: ROAS directo y asistido, ROI, MRR, beneficio neto y rentabilidad de las ventas para tener desde la parte de marketing digital un visión básica financiera.

Cuadro 5.8. Matriz 26 KPI digitales imprescindibles

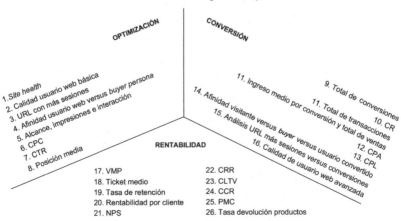

6. Los KPI imprescindibles para un responsable de marketing digital

En los dos puntos anteriores hemos analizado la web desde el tipo de modelo de negocio para facilitar la medición global. Ahora cerramos el capítulo dando una visión en función del tipo de rol o puesto desempeñado en la empresa, donde entra en juego una visión más estratégica y de rentabilidad, concentradora y con menor nivel de detalle por tipo de canal y acción.

En el caso de un *Chief Marketing Officer* [CMO] que necesite monitorizar el área de marketing *online*, o en el de un responsable de marketing digital, recomendamos los siguientes seis KPI para analizar y alinear con los objetivos anuales y tener el control en un solo vistazo de toda la estrategia digital.

Tráfico de calidad del visitante web

Es un KPI que como ya hemos visto arroja información para entender si el crecimiento (o no) de las sesiones y visitas web está siendo rentable. Este tema lo tratamos en profundidad en el libro *CRO: convierte las visitas web en ingresos,* y conviene entenderlo bien. Muchos profesionales del marketing digital tendemos a estar muy pendientes del número total de visitantes únicos del sitio web y sobre todo de analizar el volumen y el tipo de tráfico conseguido por canal de adquisición, por campañas y por tipo de acción, pero dejamos a un lado el análisis de si ese tráfico generado es de calidad o no para alcanzar los objetivos digitales de la marca.

Para analizar correctamente la calidad del tráfico web, hemos de profundizar como mínimo en tres métricas relevantes que tenemos que relacionar:

1. **Recurrencia del tráfico.** Es importante saber quién y por qué repite visita y cruzar este dato con las conversiones (micro y macro) para tener un primer valor de rentabilidad.

2. **Tiempo medio de permanencia.** Resulta un factor clave para conocer si el tráfico generado es de calidad o no. Por tanto, el tráfico de calidad constituye un KPI que hay que medir necesariamente y cruzarlo con las ventas y las conversiones.
3. **Porcentaje o CR.** Si el objetivo es la venta *online* o la captación de *leads*, podemos establecer un KPI para medir el porcentaje de visitantes que han clicado o dejado sus datos versus los que no lo han hecho. En este sentido es fundamental medir la CR total del *site*, así como la CR por fase del embudo de ventas *(purchase funnel)*.

En una fase más avanzada, además podemos cruzar con métricas de comportamiento de usuario, como mapas de calor, de clics o de *scroll* y grabaciones de usuarios. Con todos estos datos podremos conformar el KPI de calidad de usuario personalizado a nuestra clase de negocio y tipo de *buyer* persona.

Total de ingresos mensuales generados y total de gastos

Es un KPI para entender el crecimiento mensual del negocio en cuanto a las ventas netas correlacionadas con los gastos y medir y controlar las desviaciones respecto al objetivo anual marcado de ingresos totales del *site*. En este caso hay que analizar las desviaciones mensuales comparando los datos con el mes anterior y el mismo mes del año pasado, y las acumuladas a los 3, 6 y 9 meses como mínimo, porque a los 12 es ya el cierre de año.

Coste de adquisición (CPA) y por *lead* (CPL)

Como hemos visto antes, indican cuánto está costando captar un nuevo cliente. Es vital controlar ambos KPI porque inciden directamente en la rentabilidad del negocio. El objetivo es optimizar (reducirlo y ajustarlo) el KPI al máximo, siempre cruzado con los ingresos mensuales y los costes de equipo. Este KPI vigila que no se disparen los costes digitales, tanto de campañas de pago como de las acciones digitales.

Incremento del gasto medio por cliente

Es de vital importancia para conocer al detalle nuestra cartera de clientes y monitorizar la rentabilidad por tipología de cliente para poder modificar (reducir, mantener o aumentar) las acciones y campañas.

Retorno de la inversión (ROI marketing)

Resulta fundamental para medir la rentabilidad real de la inversión digital e interrelacionar los ingresos, los gastos y el margen de beneficio. Veremos cómo calcularlo en detalle en el próximo capítulo.

Índice de satisfacción media por cliente (NPS)

Es el resultado de las encuestas de satisfacción recogidas de los clientes que han realizado compras, *reviews* digitales y otras tomas de datos cualitativas versus el total de clientes. Debemos controlar el grado de fidelización total del *buyer* persona con la marca y los productos o servicios. Con este KPI tendremos en el ámbito estratégico y global las riendas de esta estrategia. Nos permitirá tomar acciones directamente sobre clientes (más fidelizados versus rentabilidad) o sobre acciones concretas (el NPS denota que el cliente medio no está satisfecho).

7. KPI para un responsable de marketing global, un gerente y un director

En este caso la visión que se requiere es mucho más estratégica y global porque el interés real de este tipo de perfil, sea un responsable de marketing global, un gerente o un director, es tener claro que la inversión está siendo bien gestionada y que el valor real de la compañía crece, con el consecuente impacto positivo en la cuenta de resultados y el balance. Por tanto, los KPI fundamentales precisan mayor detalle en acreditar la rentabilidad real y son muchos menos que para el CMO. Los tres siguientes KPI cubren el objetivo planteado.

Rentabilidad por unidad de negocio, por cartera de productos y por tipo de producto

Este conjunto de KPI nos ayudará a responder a preguntas como: ¿estamos manteniendo la rentabilidad real del negocio?, ¿el crecimiento en ingresos está impactando en la rentabilidad de la marca? o ¿mantenemos ingresos pero somos más rentables? Debemos saber responder a estas cuestiones porque resulta preferible no crecer todos los meses en visitas e ingresos, pero aumentar y mantener la rentabilidad real (ingresos menos costes) hasta encontrar el punto de rotura, momento en el que habrá que centrarse de nuevo en el crecimiento y volver a nivelar la rentabilidad. De esta manera trabajamos con cimas y valles de incremento de ventas versus rentabilidad.

Este KPI hay que trabajarlo a tres niveles estratégicos que podemos interrelacionar:

- A nivel unidad de negocio analizaremos la rentabilidad global. Por ejemplo, piensa en una empresa que tenga dos líneas de negocio, una de formación y otra de servicios avanzados, ambas con equipo propio, acciones de marketing digital, inversión e ingresos. El gerente necesita monitorizar la rentabilidad de ambas unidades por separado, comparando el ratio cada mes con el objetivo previamente marcado.
- A nivel cartera de producto para parametrizar la rentabilidad agregada de todos los productos/servicios de la marca. Hay que analizar todos los costes y los ingresos totales de todos los productos y compararlos mensualmente con el objetivo.
- A nivel producto. Se puede centrar el análisis de rentabilidad en los productos estrella (los que más beneficio generan a la marca) y los nuevos productos por el riesgo que conllevan: alta inversión

antes de lanzar al mercado e inversión que hay que amortizar una vez lanzado.

Es una manera estratégica de controlar la rentabilidad con una visión más amplia y sin entrar a nivel de detalle.

Crecimiento porcentual de clientes segmentados estratégicamente por niveles de rentabilidad (CLTV) y clientes perdidos (CCR) versus crecimiento del total de usuarios web

Analizamos la rentabilidad y el crecimiento de los clientes versus el crecimiento del negocio *online* con un solo ratio. Este KPI es complejo al cruzar varias dimensiones de análisis, pero nos aporta un conocimiento detallado de la rentabilidad de la cartera de clientes y del tipo de clientes que estamos perdiendo (de baja, media o alta rentabilidad) y la interrelaciona con los nuevos usuarios y las conversiones para entender el flujo completo. Con este KPI podemos encontrar respuestas a cuestiones fundamentales como: ¿está impactando el crecimiento de la web en la rentabilidad de la marca?, ¿en qué tipología de clientes lo está haciendo?, ¿influye en la pérdida de clientes? o ¿en qué tipo de clientes?

El impacto de la marca en la sociedad, entendida como el valor real de la marca, o el impacto real de la marca en las personas

En este caso el impacto de la marca suele ser tanto en el ámbito digital como en el *offline* y tiene una complicación añadida, pues requiere preguntar a las personas y medir el impacto de las políticas sociales de la empresa de manera tangible en el entorno que la rodea. En este caso se suelen realizar estudios de marca *online,* presenciales, telefónicos, etc., donde se pregunta directamente a la persona. Ya lo dijo Kotler cuando hablaba del marketing 4.0: la empresa tiene que devolver a la sociedad lo que la sociedad le ha dado.

CAPÍTULO 6

— • • —

RATIOS DE RENTABILIDAD

Llegados a este punto solo nos faltan dos pasos en la guía práctica para completar con éxito la medición de una estrategia digital. En este capítulo abordamos cuatro ratios de rentabilidad complejos cuyo foco principal es incrementar y monitorizar el ROI digital. Son los KPI que mantendrán a flote tanto la estrategia como las acciones que debemos poner en marcha y que nos ayudarán a tener la visión de rentabilidad en el corto, el medio y el largo plazo: ROAS, ROI, MRR y RFM.

1. Retorno de la inversión publicitaria (ROAS)

El retorno de la inversión publicitaria o *Return On Advertising Spend* (ROAS) es un ratio que mide exclusivamente la rentabilidad de la inversión publicitaria, por lo que solo podemos utilizarlo en las campañas publicitarias de pago, como las de Google Ads, Social Ads, redes de afiliación, programática, *display,* etc. El ROAS indica el retorno monetario o cuántos euros ha recuperado la marca por cada euro invertido o gastado en una campaña. Establece además una relación 1 a 1, es decir, por cada euro invertido debemos recuperar como mínimo 1 € en ingresos; así, este ratio relaciona ingresos con gasto publicitario o, dicho de otro modo, el valor total de las conversiones (ingresos) con el esfuerzo total publicitario realizado (gasto de campaña). La fórmula para calcularlo es la siguiente:

ROAS = (Total de ingresos por conversiones de campañas/ Gasto total de la campaña) × 100

Si multiplicamos por 100, el porcentaje resultante tiene que ser superior a 100 % para que sea positivo; si no multiplicamos por 100, la cifra que obtenemos es en euros y para que sea un resultado positivo tiene que estar por encima de 1. Ambas opciones son válidas. Un ROAS de 800 % significará que esa campaña ha obtenido por cada euro invertido un retorno de la inversión del 800 %, es decir, por cada euro ha ganado 8 euros.

Por ejemplo: Una marca digital de cestas y lotes de empresas lanza una campaña *online* en Navidad, el período de mayores ventas del año y en el que se juega el 60 % de la facturación anual. El presupuesto global para la campaña es de 11 500 €. De este presupuesto el 40 % se destinará a campañas en Google Ads y el 60 % restante a campañas en Instagram Ads. La campaña potente arranca el 10 de noviembre, justo después de un puente, porque ahí empiezan las compras navideñas de las empresas, que se extienden hasta pasadas las rebajas de enero. A mitad del período el *manager* pide un estatus ejecutivo de seguimiento de campaña y los datos reportados por el equipo son los siguientes:

- Google Ads: se han gastado 2 200 €, con un total de 125 conversiones, que suponen unos ingresos totales de 3 125 €.

ROAS Campaña Google Ads: (3125/2200) × 100 = 142 %

- Instagram Ads: el gasto asciende a 3 500 €, con un total de 90 conversiones, que suponen unos ingresos de 2 250 €.

ROAS Campaña Instagram Ads: (2250/3500) × 100 = 64 %

En el cómputo global de campaña, justo en la mitad de esta, los datos son los siguientes:

- Gasto: 5 700 €.
- Conversiones: 215.
- Ventas: 5 375 €.
- ROAS global: 94 % o 0.94 €

Esto nos da un ROAS para la campaña de Google Ads de 142 % o 1.42 € y de 64 % o 0.64 € para la campaña de Instagram Ads, lo que significa que por cada euro que invierte la marca en Google Ads gana 0.42 €, es decir, tiene un retorno de la inversión del 142 %. Sin embargo, por cada euro que invierte en Instagram Ads pierde y no recupera 0.36 € de cada euro; esto es equivalente a una tasa de retorno del 64 %, que al ser menor del 100 % significa que no está recuperando el dinero gastado. ¿Crees que esta campaña con esta foto es rentable globalmente teniendo en cuenta la inversión realizada? A priori no porque el ROAS acumulado (suma promedio de ambas campañas) es de 0.94 € o del 94 %, un dato con el que estaríamos muy cerquita de recuperar por lo menos lo invertido, pero sigue perdiendo 0.06 €.

¿Qué decisiones tendría que tomar el *manager* a mitad de campaña con estas cifras para optimizar los resultados finales?

En esta campaña digital, como en casi todas, son muchos los factores externos e internos que incidirían en esta importante decisión estratégica. No hay que olvidar que están en juego el 60 % de las ventas totales anuales. Además del ROAS habría que revisar en las campañas de pago: el total de impresiones por tipo de campaña, el CPC por campaña y por grupo de anuncios, la CTR, las conversiones generadas por cada conjunto de anuncios y por cada anuncio individual, el comportamiento y la calidad de los usuarios derivados de cada una de las campañas, los *copy* y los diseños de las creatividades de cada una de las campañas, la vía de conversión si hubiera una *landing page* específica de campaña, las CTA, etc. Se requeriría toda esta información para poder tener una visión global y en detalle de cara a una toma de decisiones inteligente, aunque con los datos que obtenemos del ROAS podemos tomar decisiones desde el punto de vista de la rentabilidad o del rendimiento de la campaña.

En nuestro caso deberíamos mantener la campaña de Google Ads (ROAS = 1.42 €) y empezar a trabajar la optimización del CPA y el incremento del valor medio del pedido (VMP) para ir aumentando el margen poco a poco, es decir, alcanzar menos costes y más ingreso medio por cliente. Es importante tener en cuenta que la campaña está justo en el ecuador, por lo que ha tenido recorrido para ser testada y por eso toca ya dar el salto y optimizarla o posiblemente el resultado de la campaña total no será el esperado por la marca.

La campaña de Instagram Ads (ROAS = 64 % o 0.64) no resulta del todo rentable, debería llegar al menos a un ROAS de 1.2 € para recuperar la inversión realizada, aunque lo ideal sería marcar un objetivo en torno a 1.30 € o 1.50 €. En este caso tendríamos que revisar las atribuciones indirectas, es decir, las conversiones (en este caso solo las transacciones finales) donde Instagram ha ayudado a generar una compra, aunque no haya sido responsable directo, a través del último clic. No olvidemos que las campañas en redes sociales en general y en Instagram en particular suelen tener una primera fase donde la marca tiene que trabajar el *awareness* y buscan un alto número de impresiones y alcance para ir optimizando poco a poco la CTR que generará visitas cualificadas a la web (que terminan convirtiendo en esa o en posteriores visitas), y siempre controlando que no se dispare el CPC medio.

En este ejemplo habría que analizarlo en detalle, calculando el ROAS también en cuanto a los anuncios para ver dónde estamos fallando, porque con un ROAS de 64 % o 0.64 € resulta evidente que hay conjuntos de anuncios con ROAS positivos y otros con ROAS negativos que no están funcionando y son creatividades o segmentaciones que hemos de analizar, corregir o pausar. Nuestra decisión en este caso concreto fue mantener la campaña, pero optimizando el CPA y monitorizando la calidad del tráfico web generado, así como las microconversiones, con el objetivo de trabajar en un ROAS positivo directo o indirecto en el menor tiempo posible. Además, si analizamos el ROAS global de toda la campaña, se situaría en 0.94 €, es decir, en negativo (cifra menor que 1), por lo que las campañas de

Google Ads estarían absorbiendo la desviación negativa de las campañas de Instagram Ads.

Con esta decisión tomada, los datos al término de la campaña de 2 meses fueron los siguientes:

- Inversión total: 11 500 €.
- Conversiones: 744 €.
- Ventas totales: 18 600 €.
- ROAS final: 1.62 €, con ambas campañas en positivo.

En este caso real de una marca digital hemos comprobado cómo trabajando con KPI de rentabilidad como el ROAS, desde una visión estratégica y con tres niveles de detalle (global, por campaña y por anuncio), podemos tener el control y tomar decisiones de negocio orientadas a mantener o a incrementar el rendimiento de la inversión digital, ayudando así a cumplir los objetivos marcados pero sin ser especialistas en publicidad pagada (los expertos en PPC sí utilizan el ROAS como KPI de rentabilidad).

2. Retorno de la inversión (ROI)

El Retorno de la Inversión o *Return of Investment* (ROI) es una de las métricas que tenemos que emplear y manejar de manera cotidiana si nos dedicamos al marketing digital, independientemente de si somos técnicos o especialistas o *managers* o de si tenemos un perfil *junior*. El ROI es el KPI principal para medir el rendimiento económico de todo el esfuerzo invertido en las acciones *online* y debemos aplicarlo de manera estratégica desde cuatro focos:

- **ROI global.** Es la suma de toda la inversión y del gasto del área digital.
- **Por canal de adquisición o tráfico.** El objetivo consiste en medir la rentabilidad de la estrategia digital basándose en la personalización (inversión y esfuerzo) que la marca realiza en cada canal.
- **Pago y no pago.** Además de incorporar el ROAS, el ROI indica el rendimiento al detalle (siempre teniendo claro que normalmente

los canales naturales son más rentables que los de pago, pues no tienen que hacer desembolso económico periódico a las plataformas publicitarias privadas).

- **ROI detalle.** Podemos aplicar este ratio a nivel global pero también por tipo de acción dentro de cada canal. Por ejemplo, podemos obtener el ROI de campañas de pago incluyendo los gastos fijos, el ROI de anuncios concretos, el de una campaña de *email marketing* o el de un perfil social. El ROI detalle significa trabajar al microanálisis.

La fórmula para calcularlo en cada caso es la siguiente:

ROI = (Ingresos totales − Costes totales)/Costes totales

La fuerza del ROI radica en que en una misma fórmula relaciona variables financieras clave que ya vimos en capítulos anteriores, como los ingresos y los costes totales aplicados a cualquier acción digital que conlleve una inversión y un ingreso. Pero ¿en qué se diferencia del ROAS si la fórmula es tan parecida? En que el ROAS solo se aplica a campañas publicitarias de pago; por eso interrelaciona ingresos directos de campañas con la inversión/el coste publicitario, y nos da el rendimiento económico de cada euro invertido en la campaña publicitaria. Sin embargo, el ROI se aplica a cualquiera de los cuatro focos que hemos visto, y lo hace sobre costes totales (fijos y variables), es decir, nos proporciona el rendimiento económico de la inversión digital total al incluir el total de ingresos generados, en este caso de manera *online,* y restarle el total de costes (de estructura, de equipo, de inversión, etc.) que influyen directa o indirectamente en las ventas. El ROI suele ser más bajo que el ROAS, pero resulta más potente y útil. Una marca digital con un ROI positivo sostenido en el tiempo sería el objetivo por excelencia que deberíamos perseguir.

Imagina ahora el siguiente caso real en detalle para ver la potencia de este KPI.

⟶•EJEMPLO

Una marca digital que vende productos *online* genera mensualmente unos ingresos de 90 000 € asignados de la siguiente manera:

- SEO: 40 %.
- Directo: 8 %.
- Resto de los canales de pago: 52 %.

Otros datos importantes son:

- La marca no es fabricante directo, sino que compra a mayoristas para revender *online* y aplica un margen bruto de producto del 45 %.
- Tiene un VMP de 190 €.
- La frecuencia de compra es de 2.5 veces.
- Dispone de una inversión de 25 000 € en campañas de pago.
- El equipo consta de 15 personas y, aunque hay una estructura y áreas, al final casi todas terminan haciendo de todo: redes sociales, logística, comunicación, SEO, PPC, administración, soporte e IT, etc. Esto supone unos gastos periódicos de 22 500 € en masa salarial.
- Hay contratada una agencia de marketing digital externa que cobra un *fee* de 2000 € por gestionar las campañas de pago, la analítica avanzada y el SEO.
- Los gastos fijos (alquiler, agua, teléfono, etc.) ascienden a 3000 € periódicos.

La empresa necesita saber:

- Si su estrategia digital es rentable o no.
- Si no son rentables, qué falla y por qué.
- Qué se puede hacer al respecto.

Para poder dar respuesta a estas cuestiones y tomar una decisión, se ha de trabajar con una metodología: primero debemos tener bien elaborado todo el modelo de datos que ya vimos en los capítulos 1 y 2, después, definir, establecer y analizar las métricas y los KPI que vimos en el capítulo 5 y, por último, construir nuestros cuadros de mandos, que veremos en el capítulo siguiente.

Para calcular el ROI necesitamos saber en este caso cuántos son nuestros gastos totales:

- Coste fijos = 22 500 € de masa salarial + 3000 € de gastos fijos = 25 500 €.

- Costes variables = 25 000 € del presupuesto para las campañas de pago + 2000 € del *fee* de la agencia = 27 000 €.
- Costes totales = 25 500 + 27 000 = 52 500 €.

Teniendo en cuenta que nuestros ingresos totales son de 90 000 €, ya podemos calcular el ROI:

$$ROI = (90\,000 - 52\,500/52\,500) = 0.71 \text{ €}$$

Este resultado por debajo de 1 indica que el modelo de negocio digital no es rentable, por lo que hay que optimizar los costes para aumentar el margen y/o elevar los ingresos por los canales naturales, que son los que tienen más margen: SEO, directo, redes sociales, *email marketing,* etc. Veamos qué medidas podemos aplicar:

Medida 1: Optimizar los costes:

- Ajustar el *fee* de la agencia de 2000 a 1500 €.
- Ajustar la masa salarial un 17 %, de 22 500 a 18 000 €, porque el equipo está sobredimensionado.
- Reducir la inversión publicitaria un 10 %, de 25 000 a 22 500 €, manteniendo el mismo nivel de ventas.

Aplicando estas medidas, el ROI sería el siguiente:

- Costes fijos: 18 000 € de masa salarial + 3000 € de gastos fijos = 21 000 €.
- Costes variables: 22 500 € del presupuesto para las campañas de pago + 1500 € del *fee* de la agencia = 24 000 €.
- Costes totales: 21 000 + 24 000 = 45 000 €.

$$ROI = (90\,000 - 45\,000/45\,000) = 1 \text{ €}$$

Con este escenario la marca no perdería dinero y podría empezar a ser rentable en el medio y en el largo plazo al haber reducido los gastos totales recurrentes de la empresa en un 14 %, de 52.500 a 45.000 (7500 €). Pero ¿es rentable la campaña publicitaria con 22 500 € de inversión? Para ello tenemos que calcular el ROAS y el ROI específicos de la campaña.

El ROAS es rápido y sencillo de calcular porque, según nos ha indicado la marca, el 52 % de las ventas totales (90 000 €) provienen del resto de canales de pago, lo que supone 46 800 €:

$$\text{ROAS} = (\text{Total de ingresos por conversiones de campañas/Gasto total de la campaña}) \times 100$$

Entonces calculemos el ROAS en los dos escenarios, antes de la media 1 y después de los ajustes:

Antes de la medida:

$$\text{ROAS} = (46\,800/25\,000) \times 100 = 172\,\%$$

Después de la medida:

$$\text{ROAS} = (46\,800/22\,500) \times 100 = 208\,\%$$

Ajustando la inversión de 25 000 a 22 500 aumentamos el ROAS en un 20 %. Las campañas eran rentables antes de la medida 1, con los ajustes son aún más rentables y han ayudado a equilibrar el ROI global de la marca al reducir el gasto.

Con este resultado, muy superior a 100 % (al hacerlo en porcentaje debe ser superior a 100, si lo hiciéramos sin multiplicar por 100 la cifra debería ser superior a 1), vemos que las campañas de pago tienen un ROAS positivo y muy competitivo, por lo que deberíamos intentar disminuir poco a poco la inversión total hasta encontrar un punto de equilibrio.

La conclusión es que después de aplicar la medida 1 el ROI global pasa a ser de 1 o de 100 %, es decir, no se pierde dinero, y el ROAS de campaña es de 208 %, que indica una mejora muy sustancial.

Medida 2:

¿Dónde podemos seguir optimizando para mejorar el ROI? Por ejemplo, del coste del equipo interno de la marca correspondiente a las horas de dedicación a las campañas para dar soporte a la agencia. De los 22 000 euros el 35 % se destina a campañas y es un porcentaje muy alto cuando además se tiene a una agencia subcontratada para ello. Si ajustamos esos costes del 35 % al 10 % y aplicamos también el coste exacto de la agencia (la agencia da servicios a la marca de publicidad pagada, analítica avanzada y SEO) debemos aplicar las horas exactas dedicadas a las campañas para afinar al máximo los costes. En este caso dedican el 50 % del *fee* a las campañas de pago. Si además somos capaces de aplicar una pequeña reducción del presupuesto del 5 % (1125) sobre el presupuesto aprobado después de la medida 1 (22500), la fórmula quedaría del siguiente modo:

$$ROAS = (46\,800/22\,125) \times 100 = 211\,\%$$

$$ROI = (90\,000 - 43\,875/43\,875) = 1.05\,€$$

Con esta segunda medida el ROAS vuelve a subir al ajustar la inversión publicitaria en un 5 % manteniendo las mismas ventas y ajustando las horas reales de dedicación. En este punto las campañas de pago son rentables a nivel ROAS y ROI. Con el ajuste del 5 % al presupuesto el ROI global empieza a dar un mínimo margen del 0.05 o 105 %.

Medida 3:

Con esa batería de medidas ya estaríamos con un ROI por encima del 1, pero como profesionales debemos optimizar aún más la estrategia para obtener un beneficio. ¿Cómo podría la empresa ser rentable? La manera más eficaz sería que el equipo de PPC consiguiera mantener las ventas y reducir el presupuesto de inversión al menos un 15 % más (3206 €). Con esto nos daría el siguiente resultado:

$$ROI = (90\,000 - 40\,668/40\,668) = 1.21\,€$$

$$ROAS = (46\,800/18\,168) \times 100 = 257\,\%$$

Con la medida 3 aplicada obtendríamos unos resultados satisfactorios, con un ROI global de 1.21 € por cada euro invertido y un ROAS en 2.57 € por cada euro invertido. Como hemos visto durante todo el ejemplo no es sencillo trabajar con ratios como el ROAS y el ROI para que todo cuadre, pero se trata de la única manera de buscar siempre el ROI real más rentable. En este caso, podríamos hacer un último ajuste para redondear la estrategia, como por ejemplo incluir las ventas indirectas donde las campañas de PPC han ayudado a la conversión, lo que haría que los ingresos totales crecieran un poco más. En este caso supondría un 10 % adicional sobre el total de ventas por campañas de 46 800 €, lo que supondría 4680 € que sumados al total nos daría unos ratios de:

$$ROI = (94\,680 - 40\,668/40\,668) = 1.32\ €$$

$$ROAS = (51\,480/18\,168) \times 100 = 283\ \%$$

Un resultado ya óptimo, rentable y con generación de beneficio.

Hemos visto cómo a partir de un escenario de estrategia global y aplicando estas tres medidas de manera gradual al ROI y ROAS, vemos cómo el ROAS se ha disparado al mantener los ingresos y reducir los gastos de la campaña y el ROI ha pasado de estar por debajo de 1 a situarse en 1.30 €.

Tablas detalle para construir el ROI en Excel

La metodología nos acredita que la mejor manera de trabajar los ratios que nos ayudan a medir el ROI es construyendo una hoja de Excel donde exportar periódicamente los datos necesarios para tener el control de la rentabilidad real de nuestro negocio.

A continuación, vamos a ver un ejemplo real de un cliente del sector turístico, en concreto una tabla diseñada para la medición de las campañas de pago en Google Ads que se lanzaban para el mercado germano. Esta tabla recoge los datos mensuales agrupados en tres niveles de campaña que se aprecian en el lado izquierdo de la tabla: campaña genérica de búsqueda para Alemania (Alemania), una segunda campaña de búsqueda con palabras claves más específicas (Alemania extra) y otra campaña de remarketing para todos los usuarios de las otras dos campañas que ya habían pasado por la web de la marca (RMK) y que no habían comprado. A pesar de ser un esquema de datos para una campaña de pago, la base estructural nos sirve para un enfoque más global.

La tabla está dividida en siete bloques o tablas con datos estratégicos interrelacionados entre sí que debemos analizar (gastos, ingresos, transacciones, CPA, VMP, ROAS y ROI) que nos ayudarán a tener el control global de la estrategia digital de nuestra marca. Dentro de cada bloque tenemos el concepto general (Campañas), el concepto detalle (Grupo de anuncios). Este dato está agrupado y recoge las cifras de todos los conjuntos de anuncios por cada tipo de campaña que estaban en funcionamiento (un total de ciento cincuenta anuncios repartidos entre los tres tipos de campañas). A continuación, se visualiza el dato numérico en euros o unidades mes a mes de cada tabla para tener tanto el histórico mensual como el acumulado y el promedio acumulado. En la hoja las tablas se van interrelacionando entre sí, como el CPA, que divide los gastos entre las transacciones; el VMP, que divide los ingresos entre las transacciones, o el ROI, que relaciona los gastos totales con los ingresos totales.

En esta primera captura de las cuatro tablas presentamos los datos económicos mínimos viables a controlar si queremos analizar el ROAS y el ROI de manera eficiente, como son el gasto publicitario por tipo de campaña y por mes, los ingresos o ventas totales mensuales derivados de cada una de las campañas activas (Alemania, Alemania extra y RMK), el total de transacciones realizadas en cada campaña (en este caso el total de reservas realizadas) y el CPA o coste por conversión para saber lo que le está costando a la marca captar cada nuevo cliente cada mes. Y al final de cada tabla hay un total sumatorio horizontal de cada mes (suma los datos de cada campaña de ese mes para tener el total mensual).

Cuadro 6.1. Tabla comparativa rentabilidad: gastos, ingresos, transacciones y CPA

GASTOS

CAMPAÑAS	GRUPOS DE ANUNCIOS	JULIO	AGOSTO	SEPTIEMBRE	OCTUBRE	PROMEDIO
(DE)1. ALEMANIA	Total: todos los grupos de anuncios	3.926,33 €	3.293,42 €	2.570,51 €	3.008,46 €	3.199,68 €
(DE)1. ALEMANIA. Extra ***	Total: todos los grupos de anuncios	0 €	29,69 €	375,50 €	608,00 €	253,30 €
RMK	Total display	201,40 €	59,32 €	58,68 €	149,74 €	117,29 €
TOTAL CAMPAÑAS		2.127,73 €	3.382,43 €	3.004,69 €	3.777,20 €	3.570,26 €

INGRESOS

CAMPAÑAS	GRUPOS DE ANUNCIOS	JULIO	AGOSTO	SEPTIEMBRE	OCTUBRE	PROMEDIO
(DE)1. ALEMANIA	Total: todos los grupos de anuncios	4.628,00 €	5.605,00 €	5.118,00 €	7.347 €	5.674,50 €
(DE)1. ALEMANIA. Extra ***	Total: todos los grupos de anuncios	0 €	0 €	0 €	995,00 €	248,75 €
RMK	Total display	193,00 €	0 €	171,00 €	1.054,00 €	354,50 €
TOTAL CAMPAÑAS		4.821,00 €	5.605,00 €	5.289,00 €	9.396,00 €	6.277,55 €

TRANSACCIONES						
CAMPAÑAS	GRUPOS DE ANUNCIOS	JULIO	AGOSTO	SEPTIEMBRE	OCTUBRE	PROMEDIO
(DE)1. ALEMANIA	Total: todos los grupos de anuncios	24	25	28	29	27
(DE)1. ALEMANIA. Extra ***	Total: todos los grupos de anuncios	0	0	0	3	1
RMK	Total display	1	0	1	4	2
TOTAL CAMPAÑAS		25	25	29	26	39

CPA						
CAMPAÑAS	GRUPOS DE ANUNCIOS	JULIO	AGOSTO	SEPTIEMBRE	OCTUBRE	PROMEDIO
(DE)1. ALEMANIA	Total: todos los grupos de anuncios	163,60 €	131,74 €	91,80 €	103,74 €	122,72 €
(DE)1. ALEMANIA. Extra ***	Total: todos los grupos de anuncios	0 €	0 €	0 €	202,67 €	50,67 €
RMK	Total display	201,40 €	0 €	58,68 €	37,44 €	74,38 €
TOTAL CAMPAÑAS		165,11 €	135,30 €	103,61 €	104,62 €	127,16 €

En la segunda captura nos encontramos con tres tablas, en ellas nos centramos en los datos de rentabilidad, trabajando el VMP (en este caso dividimos el total de ingresos mensual entre el total de transacciones mensual).

Por ejemplo, en el mes de julio se realizaron en total 25 transacciones por un importe final de 4821 €, entonces el VMP sería:

$$VMP: 4821/25=182.84 €$$

Luego nos encontramos el ROI sobre ventas o ROAS y el ROI global de la estrategia digital por mes y por concepto. En este caso de cada campaña se ha analizado el ROAS y el ROI, así como el ROAS y ROI global mensual.

Con estos datos podremos tomar decisiones orientadas hacia la rentabilidad de la estrategia digital y en este caso de las campañas de pago. Por ejemplo, apreciamos como en el mes de julio la marca partía con un ROI negativo de -0.33 €, y después de tres de meses reduciendo el CPA e incrementando el VMP, el ROI se situaba en 1.23 €.

De esta manera tan sencilla y visual tendremos siempre monitorizado el ROAS y el ROI de nuestra estrategia digital con el nivel de detalle que queramos: por canal de tráfico, por campaña (como el caso del ejemplo), por período (mes a mes o acumulado) y global.

Cuadro 6.2. Tabla comparativa rentabilidad: gastos, ingresos, transacciones y CPA

VALOR MEDIO PEDIDO

CAMPAÑAS	GRUPOS DE ANUNCIOS	JULIO	AGOSTO	SEPTIEMBRE	OCTUBRE	PROMEDIO
(DE)1. ALEMANIA	Total: todos los grupos de anuncios	192,83 €	224,20 €	182,79 €	253,34 €	213,29 €
(DE)1. ALEMANIA. Extra ***	Total: todos los grupos de anuncios	0 €	0 €	0 €	331,67 €	82,92 €
RMK	Total display	193,00 €	0 €	171,00 €	263,50 €	156,88 €
TOTAL CAMPAÑAS		192,84 €	224,20 €	182,38 €	261,00 €	215,11 €

ROAS

CAMPAÑAS	GRUPOS DE ANUNCIOS	JULIO	AGOSTO	SEPTIEMBRE	OCTUBRE	PROMEDIO
(DE)1. ALEMANIA	Total: todos los grupos de anuncios	0,18 €	0,70 €	0,99 €	1,44 €	0,83 €
(DE)1. ALEMANIA. Extra ***	Total: todos los grupos de anuncios	0 €	-1,00 €	-1,00 €	0,64 €	-0,34 €
RMK	Total display	-0,04 €	-1,00 €	1,91 €	6,04 €	1,73 €
TOTAL CAMPAÑAS		0,17 €	0,66 €	0,76 €	1,49 €	0,77 €

ROI MARKETING							
CAMPAÑAS	GRUPOS DE ANUNCIOS	JULIO	AGOSTO	SEPTIEMBRE	OCTUBRE	PROMEDIO
(DE)1. ALEMANIA	Total: todos los grupos de anuncios	0,92 €	1,40 €	1,60 €	2,11 €	1,51 €
(DE)1. ALEMANIA. Extra ***	Total: todos los grupos de anuncios	0 €	-33,68 €	-2,66 €	-0,01 €	-9,09 €
RMK	Total display	-4,01 €	-16,86 €	-14,13 €	0,36 €	-8,66 €
TOTAL CAMPAÑAS		-0,07 €	0,36 €	0,43 €	1,23 €	0,49 €

Si además queremos armar un cuadro de mando donde los datos se actualicen al enriquecer la hoja Excel, no hay nada más sencillo que conectar este archivo de Excel a la plataforma Data Studio de Google (https://datastudio.google.com).

Para ello hay que darse de alta con una cuenta de gmail para acceder de manera gratuita al panel de inicio y pulsar el botón situado a la izquierda que poner «crear» para diseñar el primer *dashboard*, tal y como se aprecia en la siguiente captura de pantalla:

Cuadro 6.3 *Dashboard* general Data Studio

Una vez creado el panel seleccionamos la opción «fuente de datos» y añadimos el archivo de Excel en cuestión, como se aprecia en la captura de pantalla de la siguiente página:

Cuadro 6.4 Detalle *Dashboard* Data Studio: crear informe

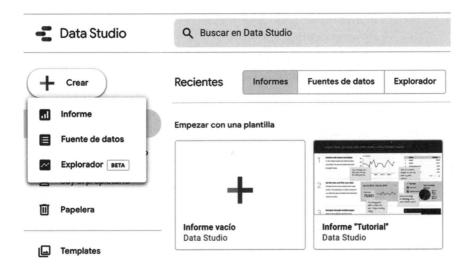

Data Studio posibilita poder visualizar los datos contenidos en las tablas de Excel de una manera más atractiva como podemos apreciar en el siguiente gráfico extraído de un informe real de un cliente realizado en Data Studio:

Cuadro 6.5 Informe rentabilidad cliente en Data Studio

Si nos fijamos en la primera fila debajo del título Datos de Rentabilidad podemos apreciar cómo en este período seleccionado de un mes disponemos de la inversión global, los ingresos, las transacciones, el CPA, la tasa de conversión y el VMP comparados con el mes anterior y con el mismo mes del año pasado. De esta manera los mismos datos de las tablas de Excel vistos anteriormente, los visualizamos limpios de datos que no aportan valor al análisis y poniendo el foco en aquello que queremos analizar para optimizar la estrategia digital: la rentabilidad.

3. Beneficio recurrente mensual (MRR y ARPU)

El Beneficio Recurrente Mensual o *Monthly Recurring Revenue* (MRR) es una métrica o KPI que nos indica cuánto hemos ingresado de forma recurrente cada mes. Resulta muy útil para estimar cuánto esperamos ingresar de forma recurrente en los próximos meses, es decir, cómo le va a ir al negocio en cuanto a las ventas en el futuro. Este KPI es fundamental para los modelos de negocio con un nivel de recurrencia medio o alto, como suscripciones, *fees* mensuales, soluciones *Software as a Service (SaaS)*, etc. Poder monitorizar los MRR en este tipo de negocios permite realizar previsiones, por ejemplo, de las necesidades de flujo de caja o de cualquier otro aspecto financiero, hacer estimaciones muy afinadas y realistas de los ingresos, marcar un objetivo guía y medir correctamente el crecimiento de la marca. La fórmula es sencilla:

MRR = Ingresos por cada cliente × N.º de clientes

MRR es una medida normalizada de los ingresos predecibles que una empresa espera obtener cada mes. Por ejemplo, si tenemos 20 clientes y cada uno paga 150 € al mes, los MRR finales serían: $(20 \times 150) = 3000$ €.

Dentro de los MRR es importante trabajar con otro ratio crucial pero no muy utilizado en estrategias digitales: el ingreso promedio por cuenta o ingreso promedio por usuario (*Average Revenue*

Per User [ARPU]), métrica clave que mide el ingreso promedio por usuario calculado con los MRR, es decir, lo que una empresa espera generar de un cliente individual.

Si hablamos de clientes, se trataría del ARPC, que es igual que el ARPU con la única salvedad de que considera que es el cliente quien paga los servicios en lugar del número de usuarios que lo usan. El ARPU o ARPC es un ratio que bien correlacionado nos puede ayudar a mejorar las mediciones. La fórmula es:

ARPU/ARPC = Ingresos totales/
N.º total de clientes o usuarios

Si trabajamos con segmentaciones de clientes podemos añadir el ARPUC como un ratio más a la hora de diseñar acciones de mejora o de crecimiento del negocio. Nos puede ayudar, por ejemplo, a detectar a clientes de nivel inferior que están generando el mismo coste por cliente al analizar la rentabilidad de la cartera de clientes o usuarios. Otra relación muy interesante consiste en aplicar el ARPU a los canales de adquisición de tráfico para ver si alguno nos está dando un ARPU elevado o muy reducido, relacionándolo directamente con el ROI, como veremos en el siguiente ejemplo.

—•EJEMPLO

Una empresa de suscripción de informes sectoriales *online* cuenta a nivel global con 300 usuarios y un promedio de ventas mensuales de 15 000 €:

ARPU = (15 000/300) = 50 €
MRR = (300 × 50) = 15 000 €

Estos 300 usuarios se captaron por diferentes canales *online* con la siguiente distribución:

- Canal SEO: 125 usuarios, 42 % del total.
- Publicidad pagada en Google: 50 usuarios, 16 % del total.
- Tráfico directo 125, 42 % del total.

La ventas promedio por canal son:

- Canal SEO: 4500 €
- Publicidad pagada: 6000
- Tráfico directo: 4500 €

El cálculo ARPU y MRR sería el siguiente:

- Canal SEO
  ARPU = (4500/125) = 36 €
  MRR: (125x36) = 4500 €

- Publicidad pagada
  ARPU = (6000/50) = 120 €
  MRR: (50x120) = 6000 €

- Canal directo
  ARPU = (4500/125) = 36 €
  MRR: (125x36) = 4500 €

Para calcular correctamente los MRR, debemos evitar incluir pagos de más de un mes, pues debe tratarse de la foto real del momento. También hay que evitar incluir cuentas de prueba o a posibles clientes dentro del cálculo y los descuentos realizados, ya que se puede desvirtuar el ratio, por lo que hay que tenerlos en cuenta y restarlos.

Cuando ya domines la aplicación del ARPU y de los MRR puedes dar un paso más en el análisis y trabajar la variación neta de los MRR. Esta subfórmula de la anterior nos va a permitir tener más detalle y control sobre el MRR al trabajar con el MRR nuevo, el crecimiento del MRR y el MRR perdido en ese mismo período pudiendo afinar un poco más la toma de decisiones al tener el detalle de las variaciones del ARPU y del MRR. Sin esto no sabríamos a consecuencia de qué factor se ha producido la variación, si fue por un mayor volumen de cancelaciones, una reducción del ARPUC, una nueva suscripción más barata, etc. La fórmula es la siguiente:

Variación neta de los MRR = Nuevos MRR +
Expansión de los MRR − MRR perdidos

En donde:

- Nuevos MRR: MRR de clientes nuevos de este período (un mes).
- Expansión de los MRR: MRR ampliados en este período (un mes) de clientes existentes. Es decir, si los clientes hacen algún tipo de *upgrade, cross selling* o *up selling* y pagan más.
- MRR perdidos: MRR de cancelaciones *(downgrades)* de clientes existentes.

Siguiendo el mismo ejemplo anterior vamos a aplicar el ratio con estos datos sobre un mismo período, un mes ya finalizado. Ese mes se ha cerrado con 300 clientes y un ARPUC de 50 y se han producido 25 nuevos clientes, 25 cancelaciones y 20 clientes han realizado un incremento de la cuota, pasando de un ARPUC de 50 a 65 €.

MRR nuevo = (20 × 50) = 1000 €
MRR ampliado: (20 x 60) = 1200 €
MRR perdido = (25 x 50) = 1250 €
VNMRR= 1000+1200-1250 = 950 €

En el análisis de resultados sabríamos que ese mes la empresa dispone de un MRR de 15 000 euros con un ARPUC medio de 50 € y un VNMRR de 950 €, por lo que de cara al mes siguiente podríamos trabajar, por ejemplo, la reducción de las cancelaciones y el aumento de MRR ampliado disponiendo la empresa de un flujo de ingresos promedio de 15 000 €.

4. Análisis RFM

Es una técnica de segmentación del comportamiento del cliente basada en sus hábitos y su comportamiento de compra que permite determinar cuáles son los clientes más rentables de la marca. Esta segmentación se realiza basándose en tres indicadores:

cuándo fue su última compra (recencia, *Recency* [R]), con qué frecuencia compran (frecuencia, *Frequency* [F]) y cuánto se gastan de media en todas las compras (valor monetario [*Monetary Value* o M]).

No podemos olvidar esa máxima de marketing que afirma que sale siete veces más barato fidelizar a un cliente que captar a uno nuevo. Con el ratio de RFM podemos aumentar los ingresos, ofreciendo a cada cliente lo que realmente necesita en cada momento con el diseño de acciones de venta adicional *(up selling)* (técnica de marketing y ventas que consiste en ofrecer al cliente o posible cliente un producto o servicio similar al que quiere comprar o ha comprado, generalmente algo más caro y de mejor calidad) y de venta cruzada *(cross selling)* (técnica de marketing y ventas que consiste en ofrecer al cliente o posible cliente un producto o servicio complementario al que quiere comprar o ha comprado). El RFM toma como base la ley de Pareto cuyo principio dice que el 80 % de las compras las realizan solo el 20 % de los clientes, ya que este ratio tiene como objetivo segmentar y optimizar la rentabilidad de la cartera de clientes en función de variables todas asociadas a la compra (frecuencia, gasto medio y última compra). Esto se hace para discriminar a los clientes más rentables de los menos rentables y poder identificar ese 20 % de clientes que nos están generando el 80 % de las compras reales y centrar los máximos esfuerzos de la estrategia digital en ellos. El RFM es un ratio que se relaciona directamente con la CCR o tasa de retención (mide el grado de fidelización que tiene el cliente respecto a la marca), que ya vimos en detalle en el capítulo 5, para analizar también a los clientes con más probabilidades de abandonar la marca. Es clave, una vez hayamos aplicado el RFM, cruzar el dato con el CCR para ver el nivel o grado de fidelización de la cartera de cliente más rentable. Imaginemos que dentro de ese 20 % de clientes altamente rentables el 30 % tienen alta probabilidad de abandonar la marca o a la inversa, es decir, detectar los dos extremos de la campana de Gauss: los clientes más rentables y los menos rentables y cruzarlo con los más fidelizados y los no fidelizados. Con el RFM optimizamos la tasa de respuesta por parte del cliente para incrementar la tasa de conversión al trabajar con más información del cliente. No llega a ser un marketing *one to one,* pero el nivel de personalización crece. Este análisis es muy importante para cualquier estrategia digital que quiera crecer en base a su cartera de clientes.

Para diseñar el RFM hay que calcular y medir las tres variables en un período determinado de tiempo y asignarles un valor, por ejemplo, del 1 al 5. A partir del análisis de estos valores se determinan 125 segmentos con tres dimensiones con cinco resultados cada una (5 × 5 × 5), lo que nos permite clasificar a la audiencia, como se aprecia en el cuadro adjunto:

Cuadro 6.6 Matriz Análisis RFM, segmentación de clientes

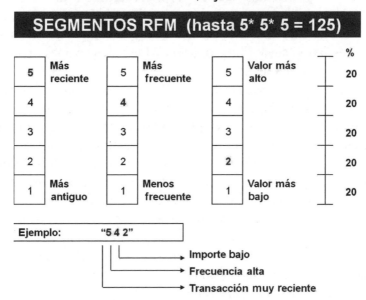

Los resultados obtenidos nos posibilitan agrupar a los clientes en cuatro grandes grupos de segmentación y diseñar estrategias de fidelización y retención para pasar clientes de un segmento a otro:

1. **Clientes estrella o mejores clientes.** Tienen un alto nivel de pertenencia a la marca y por tanto debemos trabajar en reforzar y consolidar los vínculos ya creados haciéndoles sentir especiales porque, además, son los mejores prescriptores. La clave consiste en trabajar la parte más experiencial alineada con los valores

de la marca para tocar el corazón de este perfil de cliente. En este caso lo tendremos que relacionar con el ratio del CLTV y con la CCR para entender quién se queda de cliente y por qué.

2. **Clientes promesa.** Son aquellos a los que hemos de prestar mayor atención en el plan de fidelización de la marca. Podemos subdividir este segmento en diferentes tipologías:

   ○ Clientes dormidos: no sabemos nada de ellos desde hace tiempo y debemos activarlos.

   ○ Clientes prometedores: tienen una alta potencialidad *(scoring)* para pasar al grupo de mejores clientes.

   ○ Nuevos clientes: acaban de incorporarse a la cartera de clientes de la empresa y debemos de vigilarlos muy de cerca para analizar su potencialidad y su comportamiento. En este tipo suelen funcionar muy bien las acciones de *up selling* y *cross selling*.

   ○ Clientes en riesgo bajo: están muy cerca de abandonar la marca, pero un porcentaje puede volver a recuperarse si se trabajan.

3. **Clientes congelados o criogenizados.** Se trata de un segmento clásico en cualquier empresa, el de los clientes que compraron en el pasado y que no han vuelto a hacerlo en meses o incluso en años y con los que además la marca no ha establecido ninguna acción o comunicación sostenida en el tiempo. En este sentido hay que activar un plan especial de reactivación de la base de datos para mover cada contacto a uno de los segmentos ya mencionados y, si no recibimos respuesta, descartar y/o eliminar a este antiguo cliente. Para este tipo de clientes lo más adecuando es poner en marcha un plan *go to market* con ofertas y promociones especiales para reactivar la relación y, en caso de que así ocurra, preguntar para entender por qué no habían vuelto a aparecer.

4. **Clientes desterrados.** Sí, has leído bien. Como empresa debemos saber qué clientes hemos perdido para sacarlos de los segmentos y no perder ni tiempo ni recursos en ellos. Hay que tener muy claro que resulta imposible mantener activa toda la cartera de clientes. Incluso hay muchas compañías que, analizando el nivel de rentabilidad de sus clientes, la frecuencia de compra y el importe medio, el nivel de satisfacción, el volumen de quejas y/o reclamaciones, etc., trabajan una tasa de abandono de

clientes para pasar a esos clientes «tóxicos» o no rentables a sus principales competidores, saneando de esta manera su cartera de clientes activa.

Con la segmentación que hemos trabajado en estos cuatro niveles de clientes podemos diseñar una matriz de dispersión con los ejes de frecuencia y recencia para representar la organización de nuestra cartera de clientes activa de una manera muy visual, como vemos en la siguiente matriz de ejemplo. Podemos realizar dicha matriz con una hoja de Excel de modo sencillo y después diseñar un plan de acción para cada uno de los segmentos y subsegmentos predefinidos. Lógicamente cada empresa puede cambiar los nombres de los segmentos; lo importante es mantener el concepto intrínseco de cada uno y la metodología del RFM para segmentar.

Cuadro 6.7. Matriz RFM clasificación de clientes por frecuencia y recurrencia de compra.

Como puedes apreciar, el RFM es un ratio y una metodología que busca clusterizar la base de datos de los clientes para diseñar estrategias de retención y crecimiento personalizadas por segmentos con el fin de trasladar a los clientes hacia segmentos más rentables para obtener el mayor ROI. Además, el RFM debe establecer en paralelo un sistema de recogida de información y de escucha activa capaz de identificar las causas y los problemas de cada segmento para retroalimentar de nuevo todo el sistema.

CAPÍTULO 7

— • • —

ESTRATEGIA DE ANALÍTICA DE DATOS

Dedicaremos este capítulo a dos temas clave para la definición y medición de la estrategia digital de un negocio:

1. La definición de los objetivos acordes con los KPI y la elección de los KPI que nos den el control. Este tema lo hemos detectado a lo largo de los años, es donde fallan las marcas y debemos asegurarnos de que esté correctamente resuelto.
2. Cómo tener controlada la calidad del dato con las herramientas y plataformas adecuadas cuando usamos modelos de datos y medición más complejos.

1. Definición de objetivos

Cuando construimos todo el sistema de medición estratégica digital, solemos fallar en la definición de los objetivos digitales que la marca tiene que alcanzar. Es importante recordar que son el punto de partida sobre el que se asientan los KPI y ayudan a medir su cumplimiento y el resto de métricas. Por tanto, si establecemos mal los objetivos, posiblemente estableceremos mal los KPI de seguimiento, las métricas que matizan y la manera de visualizarlos en los cuadros de mando que veremos más adelante. Esto se conoce como *efecto iceberg* o relación causa-efecto en la que los elementos ocultos no visibles de las empresas son la causa y los elementos visibles son los efectos y resultados que se producen.

A la hora de diseñar un objetivo la metodología más adecuada es la conocida como SMART, que establece que un objetivo bien definido da respuesta a cinco sencillas preguntas y cumple estas diez condiciones:

- **Específicos** *(specific)*. ¿Qué quieres conseguir en tu área de foco? Cuanto más concreto sea un objetivo, mejor estará definido.
- **Medibles** *(measurable)*. ¿Qué indicadores o KPI se pueden utilizar para medir su eficiencia? Deben ser medibles y cuantificables, aunque hablemos de elementos cuantitativos o cualitativos.
- **Alcanzables** *(attainable)*. ¿Cómo de razonable es la meta que se pretende alcanzar? Este es uno de los puntos que más les cuesta establecer a los profesionales, pero resulta fundamental fijar un objetivo realista y acorde con el crecimiento de la empresa, de los competidores y del sector y del mercado.
- **Relevantes** *(relevant)*. ¿Por qué le interesa a tu empresa o a los clientes? Han de influir en la estrategia de la marca, en la cuenta de resultados o en el impacto de marca.
- **Acotados en el tiempo** *(timely)*. ¿Cuándo se tiene que conseguir esa meta? Hay que concretar en qué tiempo hay que alcanzar el objetivo. El tiempo es fundamental para periodificar y hacer un seguimiento de las desviaciones positivas o negativas que se deben corregir.
- **Estratégicos** *(strategic)*. Siempre han de ser estratégicos para la marca: ingresos, comerciales, de comunicación, de marca, etc.
- **Motivadores** *(motivating)*. Tienen que ser un reto alcanzable por el equipo para que se conviertan en una motivación y que el equipo esté pendiente para conseguirlos.

- **Orientados a la acción** *(action-oriented)*. Han de impulsar la acción de las personas que se van a encargar de alcanzarlos. Por tanto, de un objetivo generalmente se definen unos KPI, y de estos cuelga un plan de acción detallado.
- **Basados en resultados** *(result based)*. Es un punto fundamental porque si no lo estuvieran perderían credibilidad. Cimentemos los objetivos en resultados propios o, si no somos capaces, en resultados de la competencia similar a nuestra marca.
- **Pueden ser testados** *(testable)*. De esta manera, a base de prueba y error, iremos afinando en las mejores estrategias y acciones.

Te propongo un ejercicio: coge papel y bolígrafo y define un objetivo SMART en un par de minutos (...).

Ahora vamos a ver un ejemplo de lo que sería un objetivo SMART bien formulado y que cumple con los diez requisitos anteriormente explicados para que lo compares con el tuyo y puedas ver si lo has definido correctamente.

«Aumentar las ventas/los ingresos del canal de *email marketing* de la tienda *online gourmet* en un 20 % respecto al mismo período del año anterior, es decir, pasar de 200 000 € a 240 000 € en los próximos 12 meses, ofreciendo nuestra nueva gama de productos a la cartera de clientes ya existentes».

Podemos ver que este objetivo cumple todas las especificaciones SMART:

- Es específico porque se marca aumentar los ingresos en un 20 %.
- Resulta medible ya que ese 20 % se materializa en 40 000 €, creciendo de los 200 000 a los 240 000 €.
- Es alcanzable pues nos indica cómo hacerlo, con la nueva gama de productos.
- Resulta relevante porque ayudará a incrementar los ingresos medios de la cartera de clientes mediante una estrategia de fidelización *(upselling* y *crosselling)*.
- Está acotado en el tiempo ya que especifica un plazo de 12 meses para conseguirlo.
- Es estratégico pues toca aumento de ingresos, clientes recurrentes y canal de *email marketing* (un canal estratégico de retención).

- Resulta motivador porque es una cifra retadora pero alcanzable.
- Se halla orientado a la acción ya que requiere un plan de acción de segmentación de la base de datos de clientes que hay que cruzar con la nueva gama de productos con el fin de incrementar las ventas un 20 %.
- Está basado en resultados pues parte del objetivo se ha cumplido el año anterior, así que esta es la mejor manera de seguir creciendo.
- Puede ser testado porque podemos lanzar una campaña inicial de testeo para ver los resultados y extrapolarlo al resto de acciones.

Una vez definido el objetivo SMART de fidelización con el incremento de ventas definido para el canal de *email marketing, ¿*cuáles son los KPI que podríamos establecer para hacer un seguimiento sin ir a un nivel de detalle más técnico? En este caso podríamos escoger entre:

- El porcentaje de cumplimiento de las ventas frente al objetivo marcado mensualmente para analizar las desviaciones positivas o negativas.
- El ROI del total de las acciones realizadas del canal *email marketing.*
- El total de conversiones en el canal *email marketing,* el coste por conversión y el ingreso por conversión.

Con estos tres KPI sería suficiente para tener monitorizado ese objetivo, pero asimismo podríamos trabajar con los siguientes:

- El CPA.
- Las campañas de *email marketing* que más han vendido.
- La CR por envío realizado o campaña.
- La CTR media relacionada con las conversiones y los ingresos.

Todo dependerá de dónde quiera poner el foco el profesional digital, pero todos cumplen la misión de medir y trazar el objetivo marcado.

Teniendo en cuenta el mismo objetivo, estamos en el cuarto mes del año y los KPI establecidos nos indican estos datos: desviación negativa del 6.5 % de las ventas en el canal de *email marketing,* con un ROI del 4.5 euros por euro invertido y una CR del 1.5 %. ¿Cómo vamos respecto a la consecución del objetivo? A simple vista vemos que hay cosas buenas y algunas no tanto: en el cuarto mes se consolidan una desviación negativa, todavía no preocupante, y una CR algo baja que deberíamos atacar en primer lugar, pero tenemos un ROI positivo que nos indica que estamos en el camino de la rentabilidad. Las decisiones que deberíamos tomar son claras: analizar todas las campañas con CR iguales o inferiores a 1.5 % para extraer conclusiones sobre dónde se ha fallado (en la oferta comercial, en la segmentación, en el diseño de la *newsletter,* etc.) y, con estas modificaciones lanzadas en el quinto mes, hacer un seguimiento del impacto para analizar si cambiamos la tendencia.

2. Los KPI mínimos viables que se han de aplicar

A pesar de que los KPI, como ya hemos visto, deben medir y ayudar a la consecución de los objetivos de *marketing digital* establecidos por la dirección y que la metodología establece diseñar objetivos y establecer los KPI, siempre podemos hablar de unos indicadores clave mínimos viables que hay que aplicar; es decir, los KPI que debemos medir y controlar siempre para tener el control real del negocio. Para ello los dividiremos en cuatro áreas relacionadas con las principales de definición de los objetivos:

1. Ventas o ingresos.
2. Comerciales o de captación de *leads.*
3. Comunicación o impacto de la marca.
4. Marca o alcance reputacional.

Además se relacionan con las fases de los KPI que vimos en el cuarto capítulo:

- Optimización (comunicación y marca).
- Conversión (comerciales).
- Retorno (ventas).

De esta manera solo tendremos que asociar el KPI al objetivo del área que hayamos definido. Es importante no olvidar que para poner en contexto muchos de los KPI debemos compararlos con el período anterior y con el mismo período del año anterior o de años anteriores y expresarlos además de manera porcentual.

⟶● EJEMPLO

- Ventas del mes: 2300 €.
- Ventas del mes anterior: 1800 €.
- Ventas del mismo mes del año anterior: 950 €.
- Porcentaje de variación mensual: $((2300 - 1800)/1800) \times 100 = 27.7\ \%$ de crecimiento.
- Porcentaje de variación del período del año anterior: $((2300 - 950)/950) \times 100 = 142\ \%$ de crecimiento.

Por área de ventas o ingresos

Estos KPI están relacionados directamente con el incremento de las ventas, sea por estrategias de captación de nuevos clientes o de retención con acciones tipo *upselling* o *cross selling*, y se asocian a la fase de retorno:

- **Total de transacciones.** Para saber el total de ventas en unidades realizadas en el período analizado. El total de transacciones se relaciona directamente con el total de ventas y el VMP.
- **Total de ingresos periodificado.** El período puede ser diario, semanal, quincenal, mensual, etc., y la comparativa debe hacerse con el mismo período anterior y con el mismo período del año pasado en porcentaje. Por ejemplo, las ventas de este mes de un negocio digital han sido de 6000 € (un 3 % por encima del objeti-

vo marcado), un 5 % más que el mes pasado y un 15 % más que el mismo mes del año pasado. Para analizar la tendencia anual hay que calcular el KPI acumulado, para lo cual es necesario sumar los importes de los períodos anteriores analizados. Por ejemplo, si en el primer semestre del año los ingresos totales fueran de 52 540 € (un 1.5 % por debajo del objetivo marcado), un 3 % más que en el mismo período anterior (los 6 meses anteriores) y un 5.5 % más que en el mismo período del año anterior.

- **VMP.** Se trata fundamentalmente de monitorizar el precio medio por pedido vendido, pues junto al CPA nos da el beneficio real que se pretende alcanzar. El objetivo siempre es como mínimo alcanzar el VMP medio del sector para después poder superarlo mediante una de las técnicas de subida estratégica de precios: reducción de costes, ajuste de las promociones y descuentos, etc.
- **CR.** Como ya hemos visto a lo largo del libro, es un KPI básico que debemos manejar siempre, pues relaciona el total de usuarios y el total de conversiones dándonos la efectividad de conversión del sitio web, del canal de tráfico o de la campaña de publicidad o de *email marketing.*
- **CPA.** Es un KPI para controlar y optimizar la inversión. Si logramos reducir el coste de cada cliente, estaremos siendo más rentables. Debemos tener este KPI siempre presente en nuestro cuadro de mandos digital.
- **ROI.** Es el KPI de retorno por excelencia al relacionar los ingresos y los gastos; es el valor diferencial con la competencia y el que nos ayuda a mejorar el modelo digital. Un buen ROI sostenido en el tiempo genera rentabilidad a la marca y es el objetivo número uno que hay que conseguir en cualquier estrategia digital que se precie.

Por área comercial o de captación de *leads*

Los KPI de esta área están relacionados directamente con la consecución de *leads* u oportunidades comerciales y por tanto con la fase de conversión:

- **Total de *leads*, calidad del *lead* y compra *(purchase)* comercial.** Esta serie de KPI son críticos para analizar y mejorar todo el proceso comercial una vez que la estrategia digital ha captado el *lead*. Lo primero es definir los pasos mínimos por los que un *lead* transitará hasta convertirse en una venta. Estas fases del *funnel* comercial son personalizadas para cada modelo de negocio, pero como mínimo han de contener: de usuario a *lead*, de *lead* a contacto, de contacto a oportunidad comercial, de oportunidad comercial a *lead* cualificado de marketing (*Marketing Qualified Lead* [MQL]) y de MQL a *lead* cualificado para la venta (*Sales Qualified Lead* [SQL]) para terminar siendo finalmente cliente.
- **CPL.** Es clave para no perder la rentabilidad en la estrategia ya que nos da el pulso de la inversión o el esfuerzo económico realizado digitalmente. Al igual que en el caso del CPA, hay que buscar el óptimo para cada modelo de negocio digital.
- **Porcentaje de *leads* por canal.** Este KPI nos proporciona el pulso de los esfuerzos digitales (acciones y campañas realizadas) y la consecución de *leads* por las diferentes fuentes de tráfico. Si estos datos los cruzamos con los CPL por canal y las CR, tenemos medida la eficacia de la estrategia por canal.
- **CR enfocada a la generación de *leads* o de oportunidades comerciales.** No podemos olvidar que los canales de adquisición son pieza clave de apoyo en cualquier estrategia comercial que se precie. En este sentido es fundamental controlar la tasa global de *leads* y luego cada una de las CR del *funnel* comercial para optimizar cada fase del proceso que lleva al usuario a convertirse en *lead*. Por ejemplo: una empresa de abogados recibió: 20 *leads* totales en el último mes. Quince correspondieron a contactos (personas que atendieron la llamada del equipo comercial de los abogados) con una CR del 75 % (15/20=0.75), entre los cuales había 10 oportunidades comerciales reales (personas interesados en los servicios de la empresa de abogados que atendieron la llamada) con una CR del 66 % (10/15=0.66). Se convirtieron en MQL solo cuatro, con una CR del 40 %, dos pasaron a SQL con una CR del 50 % y hubo una única venta, lo que supone una tasa del 50 %. La CR total es, pues, del 5 %. Hemos medido la CR

con el dato del paso anterior del *funnel,* pero también podríamos haberlo hecho con el total, lo que hubiera dado este otro resultado: CR de contacto del 75 %, CR de oportunidad del 50 %, CR de MQL del 20 %, CR de SQL del 10 % y CR de venta final del 5 %. ¿Qué está ocurriendo? Pues *a priori* tenemos un problema del paso 2 al 3; de oportunidad a MQL estamos fallando en el proceso de cualificación porque pasamos de diez potenciales oportunidades a solo cuatro, lo que reduce considerablemente el volumen. Habría que analizar en detalle ese paso: qué información se le remite para que el 60 % pierda el interés, cómo se cualifica (por correo, llamada, etc.), si se trata realmente de prospectos interesados o si estamos fallando en la cualificación de contacto a oportunidad. Optimizando este paso es muy probable que mejoremos la CR de venta final.

Por área de comunicación o de impacto de la marca

Estos KPI están relacionados directamente con el alcance de los canales de comunicación de la marca. Hay que tratar de analizar si los mensajes enviados a los *buyer* persona están llegando y si estos los están procesando y respondiendo. Estos KPI relacionados con el impacto de la marca se encuentran muy asociados a la fase de optimización:

- **Total de sesiones por canal.** Este es un KPI sencillo que nos da el impacto real de la comunicación digital de la marca por los canales orgánicos, como los perfiles sociales o el posicionamiento en buscadores. Si cruzamos este KPI con el de calidad de usuario, estaremos monitorizando el alcance real y la calidad de las acciones de comunicación de la marca.
- **Tasa de *engagement*.** Es un ratio interesante para medir el impacto de las comunicaciones y los contenidos de la marca dentro del propio ecosistema social. Es decir, medir si la comunidad está interactuando con lo que la marca publica. La tasa de *engagement* relaciona el total de interacciones con el total de comunidad de seguidores. Por ejemplo, para una marca de

100 000 seguidores en Instagram y un total de interacciones de 2500, la tasa de *engagement* sería: (2500/100 000) × 100 = 2.5, una tasa un poco baja para una marca con esa comunidad. Para afinar aún más podríamos analizar también qué usuarios repiten interacción (hacen clic en Me gusta, publican un comentario, comparten la publicación, etc.), porque siempre hay una base de seguidores más fieles; con ello probablemente el ratio sería aún más bajo.

- **Porcentaje de crecimiento de la comunidad social.** Se suele medir cuando el volumen de la comunidad social es un objetivo relevante. Este KPI nos proporciona de manera periódica el crecimiento de los seguidores respecto al período anterior. Es importante no solo hacer el seguimiento mensual, sino el acumulado. Para que tenga más valor deberíamos interrelacionarla con la tasa de *engagement*, el total de sesiones y el total de conversiones de redes sociales. De esta manera tendremos muy medido el objetivo. Por ejemplo, si la comunidad va creciendo en ratios del 40 % pero baja levemente la tasa de *engagement*, descienden las sesiones y se mantienen las conversiones por este canal, lo que nos está indicando que ese crecimiento se está construyendo con perfiles no muy afines a la marca, a los contenidos y a lo que comunica en ese perfil social.

- **Total de interacciones.** Es un KPI de segundo nivel que controlamos ya con la tasa de *engagement* pero que podemos medir en momentos puntuales de la estrategia digital. Por ejemplo, en campañas de comunicación potentes o en fases estacionales, como el *Black Friday* o las Navidades, que pueden generar picos de interacciones y luego bajadas significativas.

Por área de marca o alcance reputacional

Estos KPI están relacionados directamente con el alcance de la marca y el sentimiento de pertenencia. Tratan de analizar si la penetración de la marca en el mercado, en el sector, en los potenciales clientes e incluso en los no clientes, está siendo efectiva. Esta área de objetivos está muy asociada a la fase de optimización *(awareness):*

- **Alcance e impresiones.** Son KPI sencillos que nos ayudarán a cuantificar el impacto de la marca de forma global o por canal. El alcance es el número de usuarios únicos que han visto una publicación o una campaña publicitaria. Y en redes no se calcula únicamente por el número de seguidores de la cuenta o del perfil, sino que se mide por la audiencia de tu audiencia; es decir, por los seguidores de tus seguidores. Las impresiones son el número total de veces que ese contenido se ha impreso en la pantalla del usuario (móvil, portátil, tableta, etc.), entendiendo que fue visto por esos usuarios; por eso puede que un usuario lo haya visto una única vez o 15. El alcance y las impresiones van intrínsecamente relacionadas con la CTR, pues sería la acción de hacer clic en el contenido que ha alcanzado e impresionado al usuario. Estos tres KPI relacionados miden la eficacia de la campaña de marca en cuanto a SEO, redes sociales, PPC, etc. Un ejemplo que ayuda a asentar estos KPI es una marca que publica un contenido en Instagram y tiene un alcance de cien personas; al día siguiente publica otro contenido y tiene un alcance también de cien personas (pero cincuenta repiten del día anterior), por lo que el alcance total será de ciento cincuenta personas con un total de doscientas impresiones.

- **CTR.** Ya hemos hablado de ella; nos aporta el nivel de eficiencia del contenido al medir el total de clics generado en un contenido concreto, frente a las impresiones. Cada clic corresponde a un usuario que navega hacia la URL destino marcada por la marca. Es un KPI que se ha de optimizar que debe mejorar, y tenemos que cruzarlo siempre con el dato de usuarios de calidad y las conversiones (en este caso la CR) porque un alto volumen de clics (una tasa alta de CTR) no significa que las cosas vayan bien. Analicemos Analicemos el ejemplo de esta campaña que consiguió 23.8 millones de impresiones totales con una CTR del 1.2 %, lo que significa que: $23.8 \times 0.012 = 295\,000$ clics. ¿Es buen o mal dato? Depende. Hay sectores en los que sería un ratio muy bueno y en otros, malo; como ya explicamos con detalle en el capítulo cinco de esta guía.

Todavía nos faltan dos KPI más para armar todo el contexto. Ahora imagina que de esos clics el 60 % han llegado a la URL de destino de la web como usuarios y solo el 1.5 % se ha terminado convirtiendo. Traducido en números: 177 000 sesiones de las que 2 655 han sido compras. El VMP es de 70 €, por lo que los ingresos totales de este canal, que es el de SEO, serían de: 156 × 70 = 185 850 €.

- **Posición media.** Solamente se utiliza en SEO y PPC para entender en qué posición media sale el contenido de la marca trabajado por las palabras clave *(keywords),* sean palabras exactas, de concordancia amplia, *long tail,* etc. En el caso de SEO nos indica que, por ejemplo, para la *keyword* «comprar zapatillas de deporte», la URL que se ha posicionado con esa palabra clave sale en la posición media 23.2, es decir, en la segunda página de Google, como se muestra en el siguiente gráfico, donde relacionamos impresiones, CTR y posición media.

Gráfico 7.2. Informe resumen Search Console: Alcance, Impresiones, CTR y posición media. Evolución histórica mensual

Fuente: Google Search Console (propia)

- **Autoridad de dominio (*Domain Authority* [DA]).** Es un KPI exclusivamente asociado a SEO pero que nos sirve para medir la autoridad de un sitio web en los buscadores. En este caso se trata de métricas ajenas a Google, pues el algoritmo que lo mide lo creó la compañía Moz con el objetivo de evaluar la fuerza, la autoridad y la relevancia de un dominio o de unas páginas frente a otras. Para las páginas se llama *autoridad de páginas* (*Page Authority* [PA]). Es un baremo de 0 a 100 y podemos descargarnos la extensión en Google Chrome con la barra de herramientas de Moz. Se trata de una métrica que nos sirve para valorar el impacto de la marca y compararnos con los competidores en cuanto a estrategia. El único problema estriba en que se actualiza varias veces al año, por lo que es un KPI de seguimiento semestral o anual.

3. KPI fundamentales por canal de tráfico

Para finalizar este capítulo vamos a organizar los KPI por tipo de impacto: optimización, conversión y retorno por fuente de tráfico; en este caso para SEO, *email marketing,* PPC y redes sociales. De esta manera solo tendremos que asociar el KPI al objetivo del área que hayamos definido. Incluso nos pueden ayudar para armar el cuadro de mandos de cada uno de los canales de manera sencilla y práctica.

Posicionamiento orgánico (SEO)

TIPO DE KPI	CANAL: SEO	OBSERVACIONES
Optimización	DA	Una vez al año
Optimización	*Backlink*	Optimizar el total de enlaces
Conversión	Total de sesiones	Medir la calidad de las sesiones
Conversión	*Keywords*	Las *keywords* que más tráfico genera y que sean transaccionales
Conversión	Conversiones	Total de conversiones y CR
Retorno	Ventas	Total de ventas y VMP
Retorno	ROI	Ingresos − gastos / gastos

Email marketing

TIPO DE KPI	CANAL: *EMAIL MARKETING*	OBSERVACIONES
Optimización	Tasa de apertura	Optimizar esta tasa
Optimización	CTR	Optimizar esta tasa
Conversión	Total de sesiones	Medir la calidad de usuario con conversiones
Conversión	Conversiones	Total de conversiones y CR
Conversión	Correos que más convierten	Analizar y potenciar los que funcionen
Retorno	Ventas por *email marketing*	Total de ventas y VMP
Retorno	ROI del *email marketing*	Ingresos − gastos / gastos

Publicidad de pago *(paid media)*

TIPO DE KPI	CANAL: PPC	OBSERVACIONES
Optimización	CPM	Controlar esta tasa
Optimización	CTR	Optimizar esta tasa
Conversión	Total de sesiones	Medir la calidad de las sesiones
Conversión	Conversiones	Total de conversiones y CR
Conversión	Anuncios que más convierten	Analizar y potenciar los que funcionen
Retorno	CPA	Optimizar la inversión
Retorno	Ventas de PPC	Total de ventas y VMP
Retorno	ROI de PPC	Ingresos − gastos / gastos

Social media

TIPO DE KPI	CANAL: SOCIAL MEDIA	OBSERVACIONES
Optimización	*Engagement*	Optimizar las interacciones
Optimización	Alcance y aumento de comunidad	Analizar para crecer alineando objetivos digitales
Conversión	Total de sesiones	Medir la calidad de las sesiones
Conversión	Conversiones	Total de conversiones y CR
Conversión	Publicaciones que más convierten	Analizar y potenciar los que funcionen
Retorno	Ventas	Total de ventas y VMP
Retorno	ROI	Ingresos − gastos / gastos

CAPÍTULO 8

——— • • ———

APLICACIONES PRÁCTICAS

El motivo principal por el que las empresas generan indicadores de negocio es tener conocimiento y medición de cómo lo están haciendo, pero no hay que olvidar que, una vez que conocemos y aplicamos las métricas y los KPI, tenemos y debemos tomar decisiones que mejoren la rentabilidad y hagan crecer el negocio digital. No basta solo con medir y marcar los KPI. El problema está en las lecturas erróneas que se hacen de los indicadores y, por tanto, en la decisión, también errónea, que podemos llegar a tomar.

En este último capítulo se explican de manera detallada distintos casos de clientes reales, recorriendo el camino de lo más básico a lo más complejo. De esta forma podrás comprobar que en las organizaciones se siguen cometiendo errores en la toma de decisiones sobre el análisis y la interpretación de los datos más básicos. Y tendrás un caso de medición de éxito de una estrategia digital completa como ejemplo.

1. Caso de ROI sobre ventas: *e-commerce* de gafas de sol

Un marca conocida de gafas de sol ha realizado una campaña de publicidad en redes sociales (*Social Ads*) donde ha invertido 1000 € y ha alcanzado unas ventas de 10 000 €.

Con estas ventas y esta inversión realizada, se ha obtenido un ROI de 9. Aplicamos la fórmula:

$$ROI = (10\ 000\ € - 1000\ €) / 1000\ € = 9\ €$$

Esto quiere decir que por cada euro invertido la marca ha obtenido 9 € adicionales. Hasta cierto punto es cierto, pero puede llevar a conclusiones erróneas y, sobre todo, a decisiones muy perjudiciales que pueden poner en peligro la situación de la empresa.

Posiblemente los lectores más expertos habrán observado el error o la inexactitud, pero muchos profesionales del marketing digital que están en sus primeros años como profesionales utilizan este ratio con esta interpretación, por lo que vamos a profundizar en el caso para detectar dónde está el error.

El ROI se asocia a la rentabilidad que se obtiene a partir de una inversión realizada. En este caso, tras realizar una inversión y generar unas ventas, hemos obtenido un ROI de 9 €, lo que equivale a una rentabilidad del 900 %. Cualquier empresario o responsable de marketing se lanzaría a repetir la campaña en vista del éxito obtenido. El problema de este análisis radica en que no estamos obteniendo la rentabilidad de la campaña como tal, ya que no sabemos cuál es su beneficio. En realidad, el indicador que estamos obteniendo es el ROI sobre el Beneficio de Ventas. No se debe confundir con el ROAS que, como ya vimos, solo contemplaba los ingresos y gastos de campañas de pago, mientras que el ROI contempla ingresos y gastos totales. Ahora vamos a ver qué ocurre si tenemos más información de la operación.

Gracias a la contabilidad de costes (ver los capítulos 3 y 4), vemos que la campaña ha dejado un margen o beneficio de 3000 €. Las gafas de sol tienen un coste de producción, de transporte, de logística, de financiación, etc., que había que haber tenido en cuenta desde el primer momento, por lo que lo que obtenemos realmente cuando hacemos una campaña no son las ventas en sí, sino el margen o beneficio de la operación. Calculamos de nuevo el ROI de la campaña ahora que disponemos de esta nueva información:

- Inversión: 1000 €.
- Ventas: 10 000 €.
- Beneficio: 3000 €.

Para calcular el ROI de esta campaña, debemos olvidarnos de las ventas y centramos en el beneficio. Teniendo en cuenta esto, el ROI resultante es muy inferior al del primer cálculo:

$$ROI = (3000 € - 1000 €) / 1000 € = 2 €$$

La interpretación ahora es diferente: hemos obtenido un ROI de 2 €, lo que quiere decir que, por cada euro invertido, obtenemos 2 € adicionales, es decir, una rentabilidad del 200 %. ¿Entonces podemos seguir considerando que ha sido una buena campaña? Parece que sí, pues obtener un 200 % de rentabilidad en condiciones normales parece un negocio muy lucrativo, pero ya no es lo mismo que obtener un 900 %, como habíamos interpretado con la información anterior. Seguramente tomaremos la misma decisión de volver a invertir en una campaña similar para tratar de obtener de nuevo esta rentabilidad, pero la diferencia entre una ROI de 9 y otro de 2 es notable. Hasta aquí no existe distinción en la toma de decisión más allá de la diferencia de rentabilidad, pero estamos en un supuesto de ganancia.

¿Qué ocurre cuando la empresa pierde en la operación? La lógica nos dictaría no hacer la operación. El problema reside en que muchas compañías no calculan bien sus costes o se fijan solamente en las ventas. Veamos qué ocurre con otros datos:

- Inversión: 1000 €.
- Ventas: 10 000 €.
- Beneficio: −2000 €.

Si calculamos el ROI, vemos que el resultado es negativo:

$$ROI = (-2000 € - (+1000 €)) / 1000 € = -1 €$$

El ROI obtenido sería de −1, es decir, por cada euro que invertimos, perdemos 1 € adicional.

Como puedes comprobar, el resultado varía mucho del primer cálculo al último. Si solo leemos el ROI Ventas como en el ejemplo de inicio, pensaremos que el ROI obtenido es de 9, y posiblemente la decisión que tomemos sea volver a invertir en este tipo de campaña. Sin embargo, las pérdidas se multiplicarían. ¿Podemos decir en ese caso que la campaña de *Social Ads* está mal realizada? No, es buena, pues por cada euro que invierte, vende 10 €, 9 € adicionales a la inversión. El problema estriba en que no se tiene en cuenta el margen bruto del producto a la hora tanto de interpretar el KPI como de tomar las mejores decisiones de negocio; y esto hace que continuar apostando por la campaña ocasione mayores pérdidas en la compañía. A pesar de la obviedad de la circunstancia, resulta algo muy frecuente y que lleva a situaciones empresariales trágicas sin entender qué está pasando.

2. Caso sobre cómo elegir productos sobre los que hacer campañas: *e-commerce* de venta de aceite de oliva virgen extra (AOVE) *gourmet*

Vamos a analizar la situación que se produce en un *e-commerce* multiproducto de venta de aceite de oliva virgen extra (AOVE) *gourmet* con más de quinientos productos de diferentes tipologías de aceite, marcas, tamaños y precios.

Su estrategia digital se centra habitualmente en campañas de Google Ads y *Social Ads* para la fase de optimización y conversión, interrelacionando las campañas de marca con las puramente de productos determinados.

Con los siguientes datos vamos a leer la tabla, a estudiar los resultados de una campaña concreta, a analizar lo ocurrido con los datos generados y a ver qué decisiones tomaremos de manera razonada para optimizar la siguiente campaña.

Gráfico 8.1. Ejemplo de rentabilidad de una campaña

	Aceite 1	Aceite 2	Aceite 3	Total
Ventas	10 223 €	715 €	14 907 €	25 845 €
Beneficio	4093 €	436 €	2988 €	7517 €
% Margen/Ventas	40.01 %	60.98 %	20.0 %	
Inversión	1056 €	111 €	631 €	1798 €
ROI	2.88	2.93	3.74	

Es importante señalar que en este tipo de situaciones no suele haber respuestas correctas o erróneas, pero sí debemos saber lo que estamos leyendo y decidiendo, y ser coherentes con las apuestas.

Partimos de la base de que la marca invierte 1798 € en tres productos distintos con márgenes diferentes y la campaña que *a priori* genera más beneficios es la del aceite 3 (2988 €), pero si nos fijamos bien, vemos que el porcentaje de margen sobre las ventas que aporta es menor en valores absoluto y porcentual sobre la campaña del aceite 1 y menor en valor porcentual sobre la del aceite 2. Por tanto, aunque la del aceite 3 sea la que más ventas aporta, no es la que más margen aporta, aunque sí es la que tiene una rentabilidad más alta sobre la inversión.

La lectura inicial se basaba exclusivamente en ventas, por lo que un profesional sin mucha experiencia se decidiría por la opción que más ventas ha generado, sin más. Pero si basamos nuestro análisis en el margen, ¿qué opción aporta más margen? Es común pensar que la campaña del aceite 1 es la que más margen aporta, con 4093 € sobre los 436 € del aceite 2 y sobre los 2988 € del aceite 3, pero un profesional con perfil financiero se fijará en el margen porcentual, que es del 60.98 % en la del aceite 2. El razonamiento es que, si se hubiese invertido más en la campaña del aceite 2, el margen en valor absoluto hubiese sido mucho mayor.

Otra lectura de los datos podría basarse en el ROI para ver la rentabilidad. Este análisis tiene la ventaja de eliminar el ruido de los datos y se centra en el beneficio obtenido en función de una inversión realizada. Si nos centramos en el ROI, vemos que la campaña del aceite 1 ha aportado 2.88 € adicionales por cada euro invertido, la del aceite 2, 2.93 €, y la del aceite 3, 3.74 € adicionales por euro invertido. En función de esto, la primera idea debería ser apostar todo o la mayor parte de la inversión publicitaria en el aceite 3. Apostar por el producto que obtuvo más rentabilidad, un mayor ROI, es una decisión muy habitual, pero tras una primera campaña se suele sobreponderar la siguiente inversión en dicho producto.

Esta decisión acarrea ciertos riesgos, y es que vemos que las campañas han obtenido un ROI similar y las diferencias no son significativas para tomar la decisión de apostar todo a la que más obtuvo. Es importante tener claro qué es una diferencia significativa para tomar la decisión de ir a por todas en un producto determinado, y es posible que este no sea el caso.

La expectativa que tengamos sobre el ROI no tiene que estar basada únicamente en el resultado obtenido en la última campaña. Aunque una relación de datos históricos sobre el comportamiento del ROI puede que nos dé una información fiable, hay que ser consciente de que esto no garantiza el comportamiento futuro, es decir, las rentabilidades pasadas no garantizan las rentabilidades futuras.

Las conclusiones de este ejercicio son que hay que hacer lecturas globales y que tanto las ventas como el margen y el ROI nos proporcionarán información para tomar decisiones. Debemos analizar la información en conjunto y no centrarnos en una sola magnitud porque eso nos llevará a cometer errores en las decisiones que tomemos. Es importante aportar todos los puntos de vista y las lecturas al análisis de las estrategias digitales para trabajar las acciones *online* bajo la perspectiva de la rentabilidad para los profesionales del marketing y de las finanzas.

3. Caso sobre cómo elegir canales para hacer campañas: *e-commerce* de ropa para hombres

En este caso vamos a centrarnos en un *e-commerce* de ropa para hombres con un perfil de 30-60 años, clase media y media-alta a los que les gustan la moda y las tendencias. La marca se plantea hacer campañas de *Social Ads* por valor de 10 000 € mensuales. Inicialmente se plantea repartir la inversión entre Facebook (5500 €), Instagram (3000 €) y TikTok (1500 €). El razonamiento para este reparto es muy sencillo: se presupone que son redes sociales con un rango de edad muy determinado y donde el cliente objetivo de esta marca estará en Facebook principalmente, en segundo lugar en Instagram y por último en una red social de uso más juvenil pero potencialmente atractiva, TikTok.

Gráfico 8.2. Tabla rentabilidad comparada por canales sociales: Tik Tok, Instagram y Facebook

	TikTok	Instagram	Facebook
Ventas	35 700 €	71 430 €	12 459 €
Beneficio	19 543 €	41 122 €	7027 €
% Margen/Ventas	54.7 %	57.56 %	56.4 %
Inversión	1500 €	3000 €	5500 €
ROI	12.02	12.71	0.28

Los resultados alcanzados en la campaña son muy significativos, casi concluyentes. La red social con el público objetivo más cercano a la marca, Facebook, obtiene un ROI de 0.28, mientras que las otras dos redes sociales sorprendentemente obtienen un 12.02 y un 12.7. ¿Qué ha pasado? ¿Por qué no ha funcionado la campaña en Facebook, que tiene un público más afín que las otras dos? ¿Qué debemos hacer? Habrá profesionales muy teóricos que decidirán seguir apostando por Facebook y otros más pragmáticos y analíticos que se rendirán a los datos y optarán por centrarse en Instagram y TikTok. Lo importante que hemos de valorar de este ejemplo es que, si teóricamente tenemos certeza de la idoneidad de algo, deberíamos volver a intentar esa línea, en este caso Facebook. Quizás han fallado otros aspectos de la campaña que habría que revisar, como el conjunto de anuncios, los *copys,* el alcance, las impresiones, la CTR. etc., o simplemente el problema no resida en el canal. Pero si la siguiente campaña vuelve a arrojar resultados similares, puede no resultar inteligente persistir en la idea que nos muestra un razonamiento teórico. La mayoría de las veces debemos rendirnos a la evidencia que nos muestran los datos. En este caso la diferencia de rentabilidad entre los dos canales que funcionan y el que no es tan grande, que no debería quedar resquicio para la duda: la apuesta por Instagram y TikTok en este caso es clara.

Otro factor que hay que tener en cuenta es la concentración del riesgo y la diversificación. Si la primera campaña la hubiéramos hecho en el canal en el que teóricamente encajaba, la campaña entera hubiera sido un desastre. Su éxito ha residido principalmente en la diversificación del riesgo a través del canal. Es decir, debemos diversificar nuestras inversiones para reducir los riesgos y que las posibilidades de éxito sean mayores, como decía Jim Cramer, fundador de thestreet.com, el famoso medio digital de noticias y educación financiera: «Diversifica para controlar el riesgo» o, como dice la expresión popular: «No debemos poner todos los huevos en la misma cesta».

Pero en esto de la diversificación tenemos que encontrar el límite, ya que al tener muchas opciones no concentramos los esfuerzos. Sobre este tema, Warren Buffett decía: «Una amplia diversificación solo resulta necesaria cuando el inversionista no entiende lo que está haciendo». No debemos volvernos locos subdividiendo una campaña en una infinidad de canales que no conocemos y donde no podemos concentrar esfuerzos, algo muy habitual en el mundo digital, en el que muchas marcas piensan que deben estar presentes en todos los canales y todas las plataformas sociales.

4. Caso sobre cómo analizar y medir una estrategia digital para alcanzar el éxito: *e-commerce* de gafas de sol de marca propia

En el siguiente escenario volvemos al *e-commerce* de gafas de sol que vende su propia marca en el ámbito nacional. Se trata de una marca exclusiva para mujeres, con gafas de moda y de última tendencia de mercado, gran temporalidad en las ventas y cuyo período más potente del año es primavera-verano.

En este caso el principal problema de la marca era que no estaba midiendo su estrategia digital y, aunque vendía mensualmente más de 25 000 € y tenía varias agencias de marketing digital, el responsable de marketing y el director de la marca no sabían qué decisiones tomar para crecer más (se estaban expandiendo por Portugal e Italia).

Para aplicar toda la metodología y los KPI vistos a lo largo del libro, este caso recoge 1 mes completo de datos para poder analizar la estrategia digital multicanal. En este caso, la marca tenía en marcha una potente campaña de publicidad pagada tanto en Google Ads como en Instagram y Facebook y trabajaba acciones potentes en cuanto a posicionamiento orgánico y canales sociales, sobre todo Instagram y Facebook, con una buena comunidad y mucho contenido orientado a la venta. Esto hacía que las ventas del canal directo o de marca fueran también creciendo. En el momento de la foto estaban creciendo un 20 % respecto al acumulado del año anterior y un 40 % respecto al mismo mes del año anterior, consolidando así el crecimiento durante 3 años consecutivos, creciendo también en plantilla y planteando poner sus productos estrella en la cadena de minoristas, como joyerías y tiendas de gafas de sol multimarca en el ámbito nacional. La marca vivía un momento de plenitud. El escenario de partida resumido que nos encontramos fue el siguiente:

- Gastos de publicidad: 34 000 € repartidos de la siguiente manera:
  - Google Ads: con un presupuesto del 30 % del total, ha generado el 45 % de los ingresos.
  - Facebook Ads: con un presupuesto del 45 % del total, ha generado el 28 % de los ingresos.
  - Instagram Ads: con un presupuesto del 25 % del total, ha generado el 27 % de los ingresos.
- Ventas por SEO: 4500 € correspondientes a 120 unidades de gafas vendidas.
- Ventas por redes sociales: 2500 € correspondientes a 66 unidades de gafas vendidas.
- Ventas directas o de marca: 6500 € correspondientes a 173 unidades de gafas vendidas.
- Total de conversiones: 1159.
- Ingresos de campaña desglosados: 31 900 € por las campañas de pago y 45 400 € por todos los canales de tráfico.

Fase de análisis y definición de los KPI

Con este *briefing* de partida el primer paso trata de analizar los datos en cuatro niveles estratégicos: datos financieros, optimización, conversión y retorno. Para ello necesitamos extraer los siguientes KPI o ratios clave antes de empezar:

- Precio venta al público (PVP).
- Margen bruto por producto.
- Costes directos e indirectos.
- CPA.
- CR.
- ROAS global y por campaña.
- ROI por canal y global.

El objetivo de este caso es trabajar de manera práctica el análisis, razonando y entendiendo que y por qué lo hacemos sin olvidar traducir los pesos porcentuales en números para poder trabajar.

Vamos a aplicar la metodología aprendida, por lo que lo primero que necesitamos es obtener los datos financieros mínimos viables, para lo que precisamos responder a estas preguntas sobre el negocio: ¿cuál es el coste unitario por gafa de sol vendida?, ¿cuál es el margen de beneficio por gafa vendida?, ¿cómo repercuten los costes fijos en los ingresos?, ¿y los variables? Con estos datos, ¿somos rentables? Sabemos que la marca ha vendido 1159 gafas en ese mes y que se han generado unos ingresos de 45 400 €, por lo que si dividimos los ingresos por las unidades vendidas, obtenemos el precio final de venta. En este caso, 45 400 / 1159 = 39 €, es decir, el cliente final está comprando cada gafa a 39 € de media (en este caso es el precio único de venta, pues todos los modelos se venden a ese precio).

Con el PVP unitario claro, el siguiente paso consiste en conocer la imputación de los costes totales unitarios, que en este caso eran de 12 € por cada gafa vendida. Para simplificar, esos 12 € incluyen todos los gastos fijos: costes de producción y traslado de los palés de gafas desde China hasta el almacén central en Madrid, costes de personal, alquiler, electricidad, almacenaje, envío al cliente, *packaging*, etc. Para obtener los coste totales unitarios dividimos los costes fijos totales por las unidades totales producidas; de esta manera el margen de contribución sería la diferencia entre el PVP y el precio de coste: 39 € – 12 € = 27 €. A esos 27 € hay que restarles los gastos variables para conocer cuánto ingresó neto la marca de los 39 € de PVP.

En este caso, se había invertido un presupuesto publicitario de 31 900 € para Google y Facebook, más 2500 € del *fee* de la agencia que les llevaba las campañas, por lo que el total de costes variables es de 34 400 €. Para saber el coste variable unitario debemos dividir esta cifra por el número de gafas vendidas en el mes:

34 400 € / 1159 gafas = 29.68 €. Con todos estos datos ya podemos calcular el margen de la marca en ese mes, que en este caso es negativo por valor de 2.68 €. Esta cifra sale de restar 29.68 € a 27 €. Es decir, por cada gafa vendida, la marca está perdiendo 2.68 €. Si multiplicamos esta cantidad por las 1159 unidades vendidas, obtenemos unas pérdidas mensuales de 3106 €. Es decir, si se mantuviera esa tendencia de media durante todo el año, las pérdidas acumuladas alcanzarían los 37 000 €. Con este escenario, a más unidades vendidas, mayores pérdidas económicas habría.

El siguiente paso una vez analizada financieramente la situación consiste en analizar el caso bajo la perspectiva del marketing digital. Dados los resultados financieros, lo siguiente que necesitamos analizar es el ROI global de toda la estrategia y el ROI por canal y después pasar al detalle y calcular el ROAS global de las campañas por el alto presupuesto mensual y el ROAS por tipo de plataforma, Google Ads, Facebook e Instagram.

Para el ROI global precisamos los datos del total de ingresos y el total de costes; en este caso el total de ingresos es de 45 400 €, el total de costes variables, de 34 000 € y el total de costes fijos, de 10 431 €. Aplicamos la fórmula —en este caso sin multiplicar por 100—, y el resultado en euros es el siguiente:

$$ROI = (45\,400 - 44\,431 / 44\,431) = 0.03\ €$$

Pero como hemos visto anteriormente, lo más adecuado es trabajar con el beneficio (ventas – costes) en lugar de con las ventas. En este caso el beneficio es el siguiente:

$$\text{Beneficio} = 45\,400 - 44\,431 = 969\ \text{€}$$

Con este resultado, volvemos a aplicar la fórmula del ROI (en este caso aplicamos con y sin porcentaje) y el resultado es muy diferente:

$$\text{ROI} = (969 - 44\,431 / 44\,431) = -0.97\ \text{€}$$

$$\text{ROI} = (969 - 44\,431 / 44\,431) \times 100 = -97.81\ \%$$

Un ROI negativo tan alto es inasumible, por lo que resulta más que evidente que la estrategia digital está lejos de ser rentable, pues esta cifra debe ser como mínimo igual o mayor a 1. Otra línea de análisis podría consistir en calcular el ROI por separado de los canales de pago y de no pago.

Ahora es el momento de calcular el ROAS para tener toda la visión en cuanto al marketing digital. El ROAS relacionaba los ingresos de campaña con los gastos de campaña; en este caso de un vistazo vemos que los costes (34 000 €) son mayores que los ingresos (31 900 €), lo que nos dará un resultado negativo:

$$\text{ROAS} = 31\,900 / 34\,000 = 0.93\ \text{€}$$

Este resultado nos indica que se está muy cerca de recuperar lo invertido, pero no es suficiente con el escenario global de la marca *online*; esto significa que debemos bajar un peldaño de análisis en cuanto a las campañas y volver a calcular el ROAS:

ROAS de Google Ads: 14 355 / 10 200 = 1.40 €.
ROAS de Facebook Ads: 8 900 / 15 300 = 0.58 €.
ROAS de Instagram Ads: 8 500 / 8500 = 1 €.

El ROAS en detalle nos indica que la campaña de Google Ads tiene un buen ratio, aunque debería optimizarse más en cuanto a la reducción del gasto para buscar la eficiencia en costes. La campaña de Facebook Ads habría que pausarla de inmediato y analizar en detalle las campañas/los anuncios para ver si son o no rentables. Con la de Instagram Ads habría que hacer lo mismo, además de analizar su impacto en las atribuciones indirectas generadas, porque aunque está en 1 y no nos está costando dinero, el objetivo sería alcanzar un ROAS de al menos el 1.20 €.

Fase de diseño del modelo de cuadro de mandos

Una vez avanzada la fase de análisis y definición de los KPI, llega el momento de monitorizar de manera correcta y en tiempo real los indicadores de negocio que nos ayudarán a alcanzar los objetivos marcados en la estrategia digital. El cuadro de mandos es la herramienta perfecta para ello.

En este caso, como ya hemos comentado anteriormente, en una primera fase lo montaremos con Data Studio de Google, plataforma de *visual analytics* gratuita y muy potente que además conecta con el resto de las plataformas: Google Analytics, Tag Manager, Optimize, Search Console, Facebook Ads, LinkedIn, etc. De este modo, en una segunda fase más avanzada podremos trabajar los datos más estratégicos de negocio con plataformas de inteligencia de negocio (BI) como Power BI o Tableau.

Vamos a diseñar el cuadro de mando siguiendo la metodología profesional. Para ello dividiremos los datos en tres grandes bloques relativos a optimización, conversión y retorno, teniendo en cuenta que ya hemos trabajado toda la parte financiera en anteriores capítulos: costes directos e indirectos, margen, beneficio neto, cuenta y balance, etc.

El primer paso consiste en marcar los KPI clave para cada fase analizando en detalle todos los indicadores explicados en los capítulos 5 y 6; se trata de indicadores siempre alineados con los objetivos de la marca en cuanto a optimización (crecimiento de las sesiones, calidad del tráfico, alcance e impacto, etc.), sobre todo microconversiones, conversiones y transacciones traducidas a ventas, y retorno (trabajando el ROI, el ROAS, el beneficio, etc.), como ya vimos en el capítulo 7.

Visualización de la optimización

- General acumulado de usuarios y sesiones:

Sesiones	Usuarios	Usuarios nuevos
1.569	**914**	**695**
⬆ 18.5%	⬆ 15.8%	⬆ 21.3%

- General acumulado de calidad de usuario:

% Rebote	D. media sesión	Páginas/Sesión
38,62 %	**00:02:21**	**2,41**
⬇ -10.9%	⬆ 12.8%	⬇ -12.9%

Visualización de la conversión

- General acumulado de conversiones totales en el sitio web.
- Correlación entre total de transacciones generadas y total de ingresos por tipo de dispositivos:

Ingresos	Transacciones
27.207 €	**508**
⬇ -26.2%	⬇ -33.7%
mes	mes
⬆ 1.4%	⬇ -16.6%
año	año

- Productos más vendidos en unidades de venta e ingresos totales:

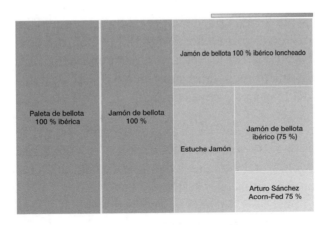

Visualización del retorno

- General acumulado de costes frente a ingresos totales.
- General acumulado de conversiones frente a coste de conversión:

- ROAS total acumulado y comparativa con el ROAS del período anterior en la parte inferior:

- VMP mensual y comparativa con el mes anterior y con el mismo mes del año pasado:

Visión general

En la siguiente imagen podemos ver una página principal de un informe real de un cliente realizado con Data Studio donde se monitoriza toda la actividad de la marca: fase de optimización, conversión y retorno. En una primera línea superior del cuadro de mandos trabajamos los KPI por tres bloques de análisis:

1. *Users & Sessions.* Incluye el total de usuarios, el total de usuarios nuevos (la resta nos da los recurrentes) y el total de sesiones.
2. *Site Health.* Incluye la tasa de rebote, la duración media de la sesión y las páginas por sesión.
3. *Goals Conversión.* Incluye las conversiones con el total de transacciones, el total de ingresos y la CR.

Con estos nueve KPI más dos de rentabilidad, el ROAS si hubiera campañas de publicidad de pago y el ROI, podemos tener el control real del negocio mensual, sin necesidad de trabajar más en detalle. En la segunda línea del cuadro encontramos, de izquierda a derecha:

- Páginas o URL con más volumen de sesiones ordenadas de mayor a menor.
- Comparativa del total de sesiones mes a mes con el año anterior y las conversiones.
- Transacciones mensuales del año en curso.

Con estos datos de segundo nivel podemos entender dónde están aterrizando nuestros usuarios y si están o no comprando. En la tercera línea del cuadro encontramos:

- Total de sesiones y páginas vistas por dispositivo.
- Transacciones e ingresos totales por tipo de dispositivo.

Con esta información analizamos tanto el comportamiento como el rendimiento del *buyer* persona por dispositivo (en este sector es importante porque se navega por móvil o tableta, pero la conversión se realiza en portátil):

Gráfico 8.3. *Dashboard* estrategia digital en Data Estudio

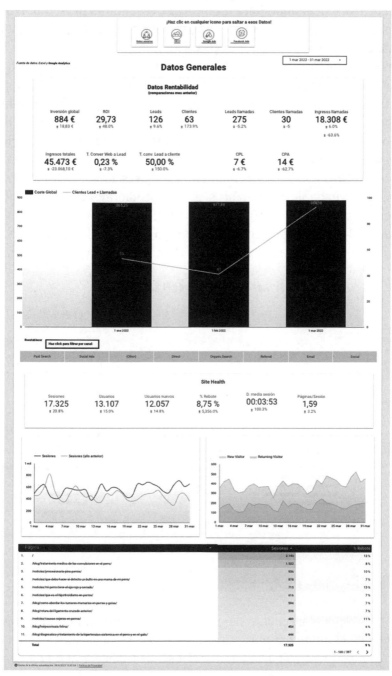

También podemos incluir directamente el objetivo en el diseño del cuadro de mando para monitorizar el seguimiento del objetivo marcado frente a los KPI en tiempo real y así poder actuar rápidamente frente a desviaciones positivas o negativas, como apreciamos en la siguiente hoja de Data Studio. En este caso el objetivo es crecer en conversiones respecto al año anterior en un 20 %. Apreciamos que en la primera línea del cuadro de mando encontramos los datos de rentabilidad: ingresos, costes, conversiones y CPL, comparando el resultado con el mes anterior y con el año anterior. En los datos acumulados se aprecia cómo se han reducido los costes y el CPL y se han incrementado los ingresos y las conversiones. En la segunda línea de análisis se representan mes a mes los datos relativos al número de primeras visitas, los ingresos comparativos de 2020-2021 y el porcentaje del número de primera visita generada, es decir, de las conversiones, cuántas han realizado la primera visita:

Gráfico 8.3. *Dashboard* **KPI Rentabilidad**

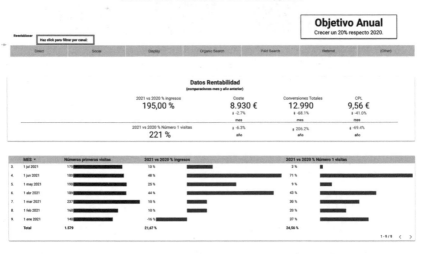

Fase de toma de decisiones

Ahora llega el momento de aplicar todo lo aprendido durante esta guía en el momento más crítico, pero a la vez más emocionante de cualquier profesional, la toma de decisiones aplicada al rendimiento del negocio digital, con los datos financieros bien trabajados, los objetivos estipulados y SMART, los KPI trabajados para monitorizar el resultado de las acciones y el cuadro de mando para gestionar el impacto. Todo este proceso se resume en tres pasos:

1. Hemos trabajado el proceso de identificar y analizar los datos correctos para transformarlos en información de valor.
2. Hemos aplicado esa información de valor al contexto de la marca, del sector y del mercado para poder transformarla en conocimiento.
3. Hemos tomado decisiones inteligentes basándonos en todos los datos obtenidos, minimizando errores y ayudando al negocio a crecer y avanzar.

Una vez realizado todo el proceso, las decisiones tomadas fueron las siguientes:

- **Financieras:**
  - Reducción de los gastos fijos de la empresa, pues tenían una estructura sobredimensionada.
  - Búsqueda en China de un fabricante de gafas de sol con unos costes por unidad menores.
  - Mejora del cálculo del *stock* de gafas almacenado y futuro.
  - Aplicación al PVP de costes y margen.
  - Trabajo con control de costes, cuenta de resultados y balance.

- **De optimización:**
  - Diseño de una estrategia potente de *awareness*, monitorizando el alcance, las impresiones y la CTR por canal, cruzándolo con la calidad del usuario para una constante retroalimentación.
  - Trabajo de la calidad del tráfico web de todos los canales digitales partiendo de indicadores personalizados según el modelo y el tipo de cliente: tiempo en la página, duración de la sesión, rebote, tasa de *scroll*, etc.
  - Campañas de pago de alcance para impactar en el *buyer* persona, reduciendo la inversión. Más calidad y menos cantidad.

- Definición y dibujo de todo el proceso de compra digital o *buyer journey*, estableciendo rutas de conversión y microconversiones que ayuden a la conversión final.

- **De rendimiento o conversión:**
  - Optimización del proceso de compra, desde la ficha de producto hasta la página de gracias, mejorando las CR por fase del embudo de ventas *(purchase funnel)*.
  - Aplicación de una estrategia de CRO y UX para aumentar las CR del tráfico de calidad por tipo de canal.
  - Microsegmento de las campañas de remarketing por tipo de cliente y tipo de producto (personalización). Presupuesto reducido pero flexible basándose en las conversiones (hito por conversiones generadas para incrementar la inversión porcentualmente).

- **De retorno:**
  - Aplicación de una visión de rentabilidad a toda la estrategia digital y al equipo.
  - Medición y aplicación de ratios financieros y de rentabilidad en cuanto a dirección en toda la estrategia digital: ROI, ROAS, ARPU, beneficio neto, etc.
  - Trabajo de la retención de la cartera de clientes con las metodologías RFM y CLTV aplicando estrategias de *upselling* y *cross selling*.

Resultados de la estrategia digital

La marca tuvo que redefinir su estrategia digital porque por cada gafa que vendía perdía dinero, por lo que el objetivo inicial principal de generar mayor cantidad de tráfico para generar más y más ventas no era el adecuado y se tuvo que reajustar gracias a:

- La aplicación de una visión financiera digital.
- La aplicación de una metodología de analítica básica.
- La definición de objetivos y KPI.

- El diseño de un cuadro de mando que recogiera los datos relevantes.
- El rediseño y la toma de nuevas decisiones, midiendo las desviaciones (positivas y negativas) y sobre todo siendo flexibles respecto al mercado.

El resultado de las nuevas acciones tomadas con una visión de 12 y 18 meses dio el siguiente resultado:

- El equipo volvió a crecer una vez que se recuperó la rentabilidad del negocio: no solo se vende un 22 % más, sino que al tener más margen se ha aumentado el beneficio en un 12 %.
- Hoy están presentes en más de cien puntos de venta del territorio nacional, son más de veinte personas en el equipo, han abierto nuevos mercados internacionales y están presentes en las ferias europeas más importantes.
- Trabajan con la cuenta de resultados y el balance de pérdidas y ganancias y tienen cuadro de mando y reuniones quincenales de seguimiento de objetivos.
- Cada año definen los objetivos de optimización, conversión y retorno para seguir creciendo.
- Han optimizado la producción y ajustado al máximo los costes fijos y variables.
- Trabajan la calidad del usuario en vez de la cantidad.
- Lanzan potentes campañas de pago en los períodos estacionales, optimizando y convirtiendo, con un CPC por debajo de la media del sector y un CPA estable y rentable.
- Han incrementado la CR en 2.5 puntos, lo que, sumado al incremento de tráfico cualificado en un 35 %, ha dado como resultado una mejora en los ingresos del 22 %.
- Han lanzado un programa de retención de clientes, trabajando el CLTV de forma básica pero abriendo un nuevo canal de ingresos, el *email marketing,* que ya aporta el 7 % del total de los ingresos mensuales.

En definitiva, establecieron un sistema de medición, identificaron los indicadores relevantes para su negocio digital, alinearon los objetivos con la estrategia, encontraron en el análisis de los datos la mejora de los errores y desviaciones, testaron posibles soluciones para mejorar el negativo escenario al que se enfrentaban y, finalmente, consiguieron establecer una estrategia digital de éxito gracias a responder a las preguntas: ¿por qué medir?, ¿qué medir?, ¿cómo medir?, ¿qué hago con los datos?, ¿cómo priorizo la información? y ¿cómo transformo el dato en información y la información en conocimiento? Y, por supuesto, monitorizar, analizar, testar, medir, y vuelta a empezar para trabajar la mejora continua.